身近でおこる 恐怖現象
本当に怖い話
MAX∞
マックス無限
悪夢地獄
霊はびこる暗黒魔界

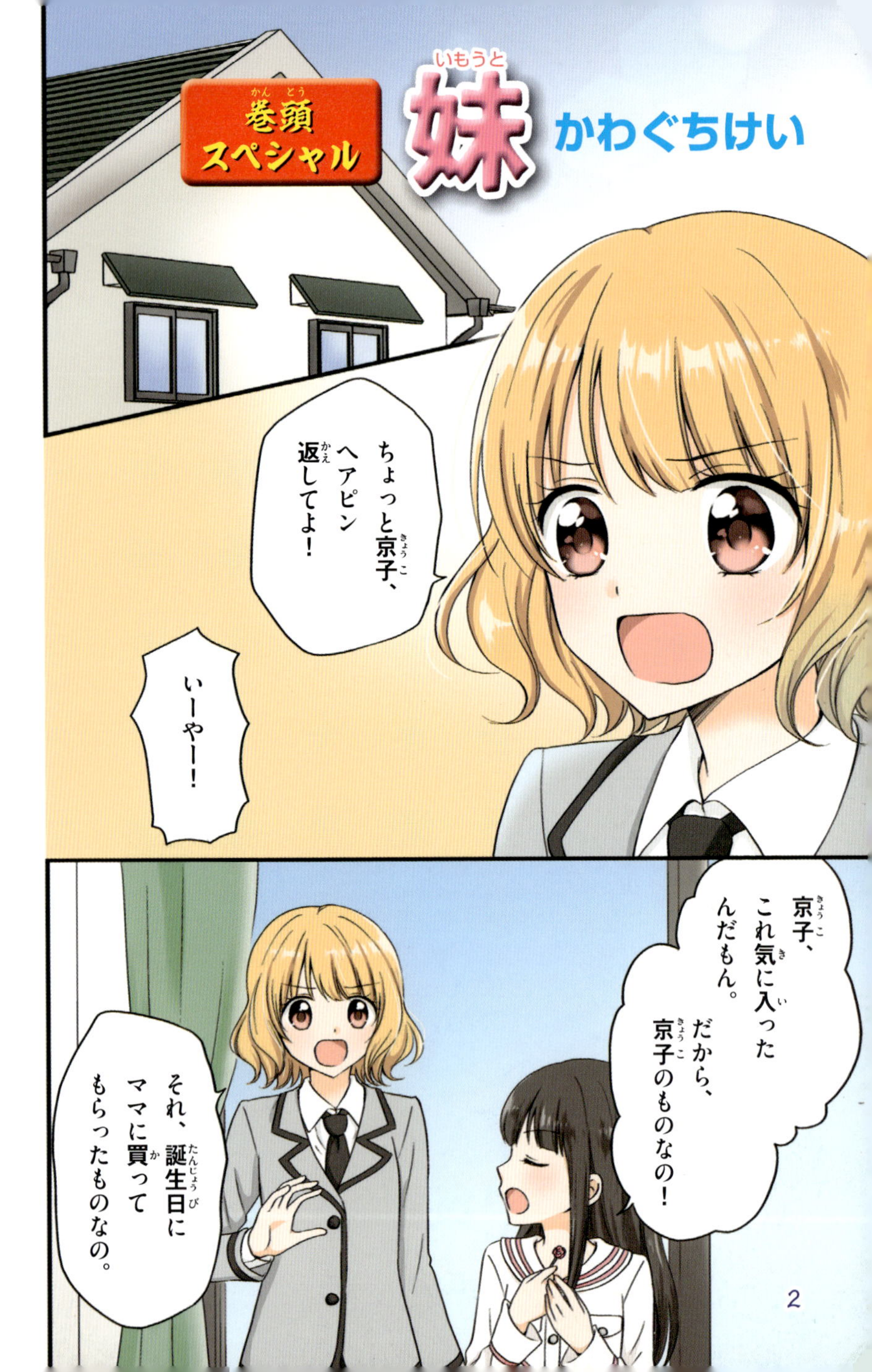
巻頭スペシャル
妹
かわぐちけい
ちょっと京子、ヘアピン返してよ！
いーやー！
京子、これ気に入ったんだもん。だから、京子のものなの！
それ、誕生日にママに買ってもらったものなの。

でも、もう京子のだもーん。
べーっだ
京子！
二人とも、朝からケンカしないの。
だって…。
明里、お姉ちゃんでしょ。ヘアピンくらいあげなさいよ。
京子のバカ！
バシッ
いつもこうだ。

私たちは
異父姉妹で、
京子は
母が再婚して、
今の父との間に
生まれた子だ。
だからか、
両親は京子に
甘く、

私はいつも
肩身の狭い思いを
している。
キーンコーンー
また明日ー
バイバーイ
私だって、
ママとパパに
甘えたいの。

朝、ケンカしたから、家に帰りづらいなあ。
はーあ…
ピルルル ピルルル…
もしもし、ママ?
……え?
京子が死んだ。
小学校の帰り道交通事故にあって。

京子(きょうこ)────!!
ケンカしたまま永遠(えいえん)に逢(あ)えなくなるなんて…。
京子(きょうこ)はわがままな子(こ)だったけど、
もう少(すこ)し仲良(なかよ)くしてればよかった。

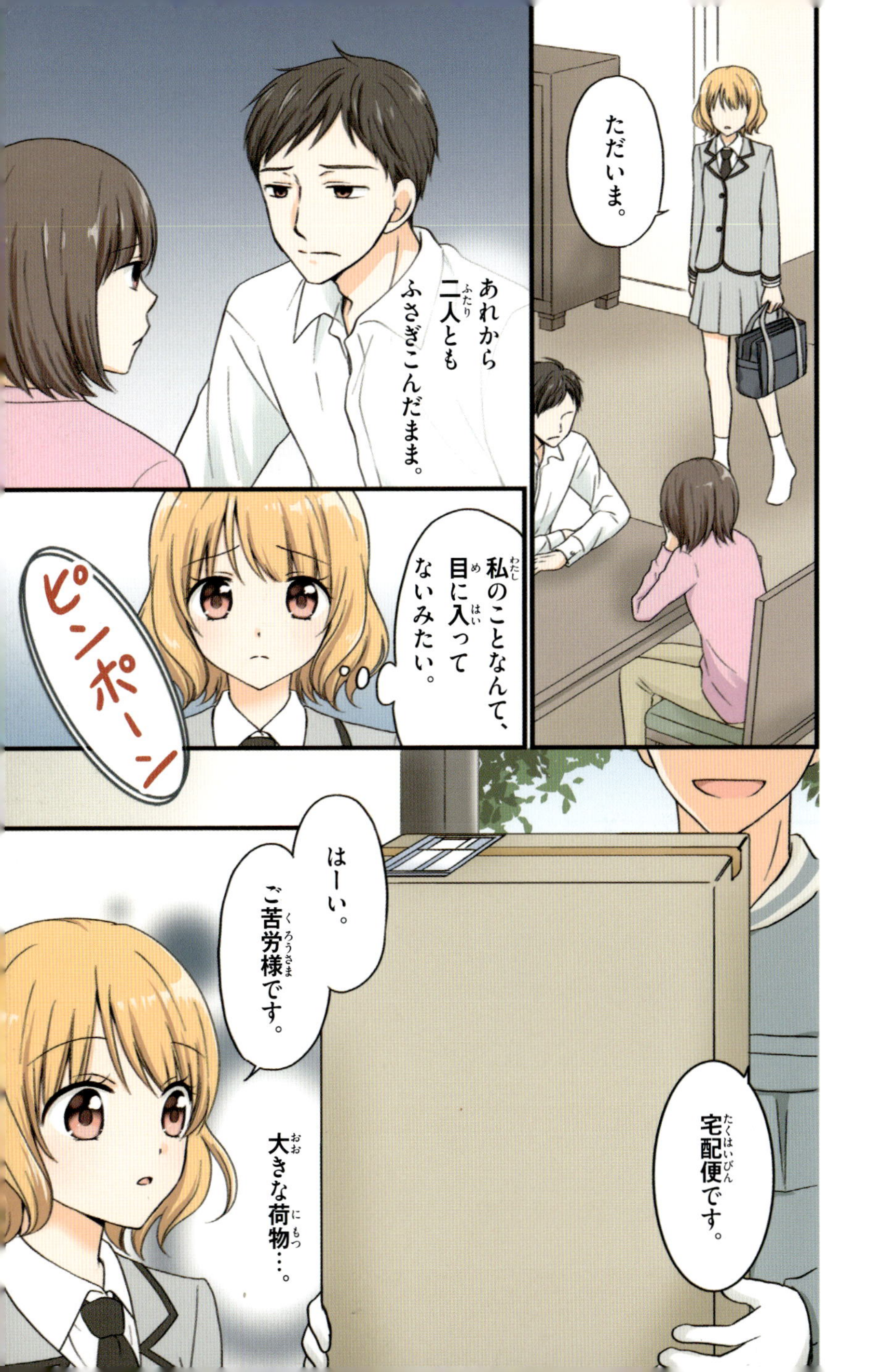
ただいま。
あれから
二人とも
ふさぎこんだまま。
私のことなんて、
目に入って
ないみたい。
ピンポーン
宅配便です。
はーい。
ご苦労様です。
大きな荷物…。

届いたのね！
やっと来たか。
何なの？
京子の供養のために買った、
日本人形よ。
どことなく、京子に似ているでしょう。

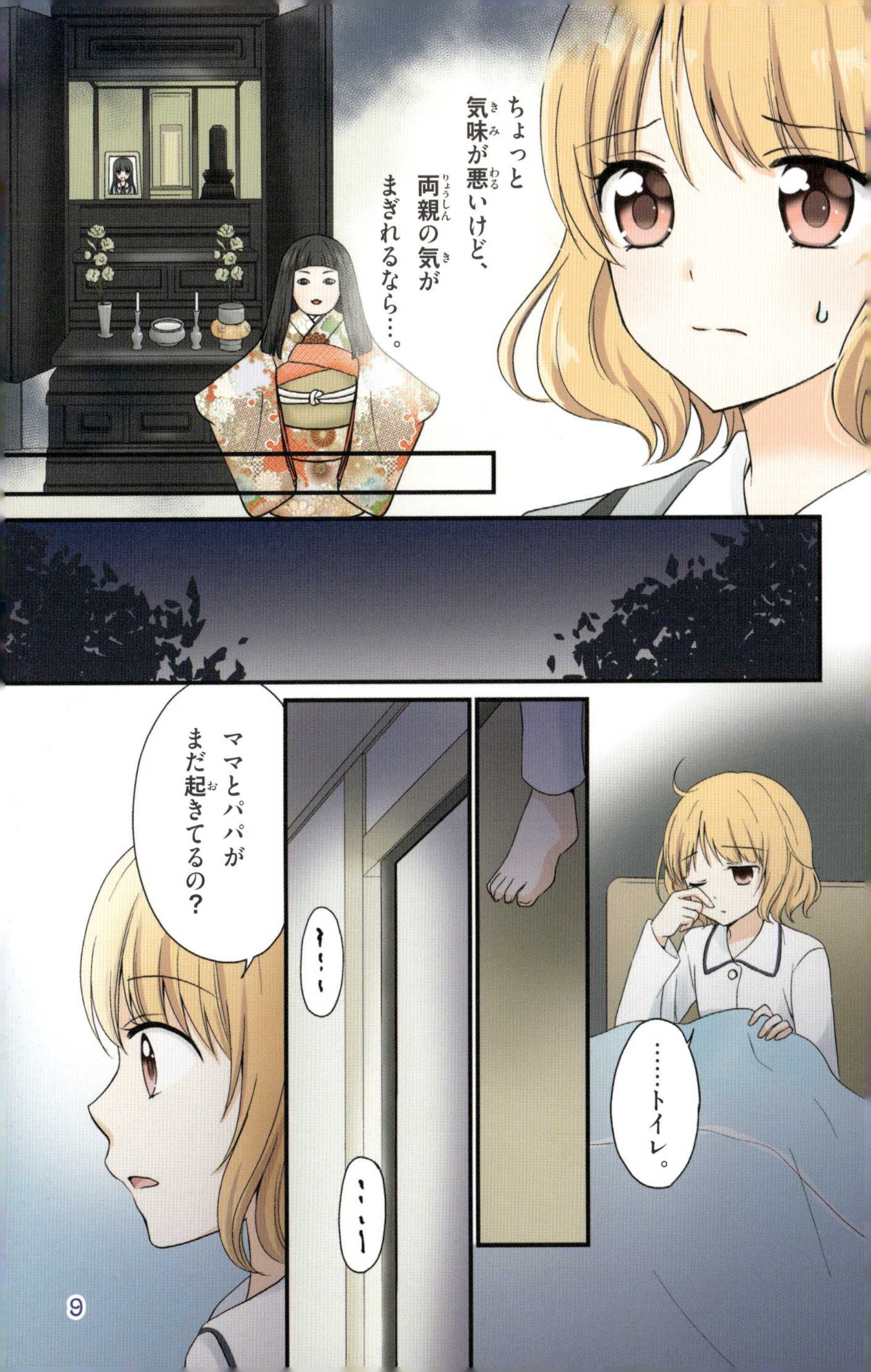
ちょっと気味が悪いけど、
両親の気がまぎれるなら……。
……トイレ。
……
……
ママとパパがまだ起きてるの？

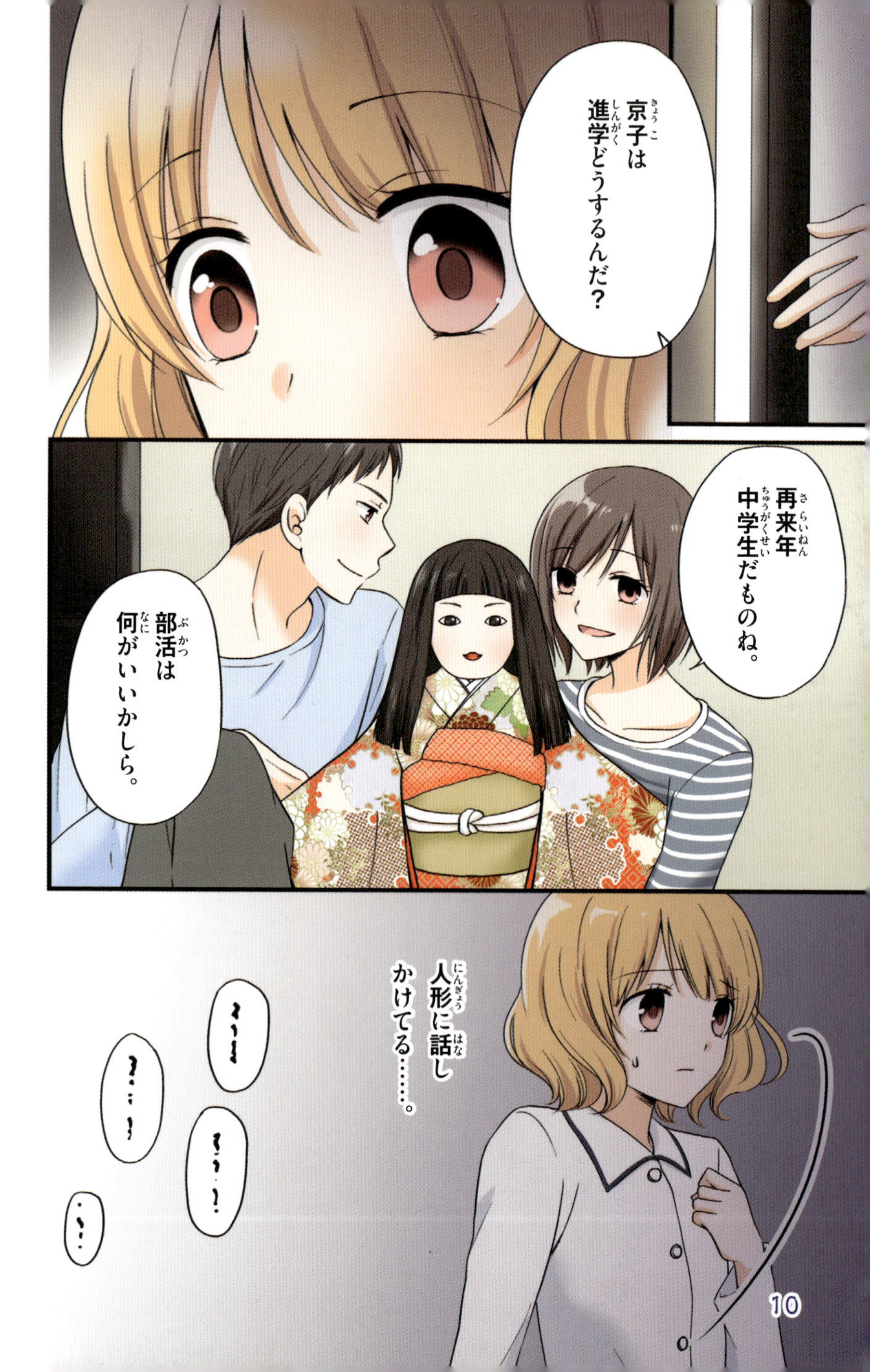
京子は進学どうするんだ？
再来年中学生だものね。
部活は何がいいかしら。
人形に話しかけてる……。

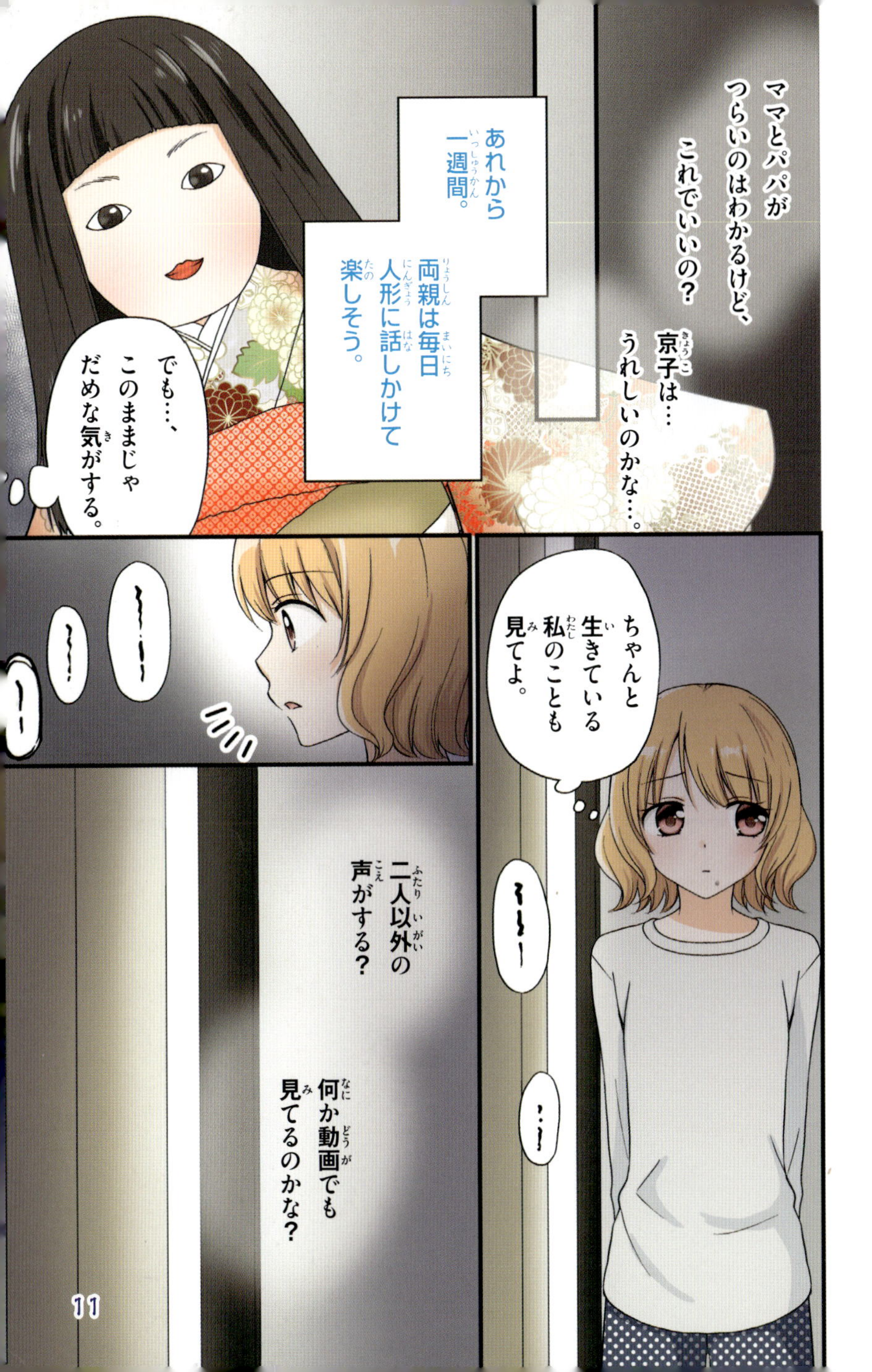
ママとパパがつらいのはわかるけど、これでいいの？
京子は…うれしいのかな…。
あれから一週間。
両親は毎日人形に話しかけて楽しそう。
でも…、このままじゃだめな気がする。
ちゃんと生きている私のことも見てよ。
二人以外の声がする？
何か動画でも見てるのかな？

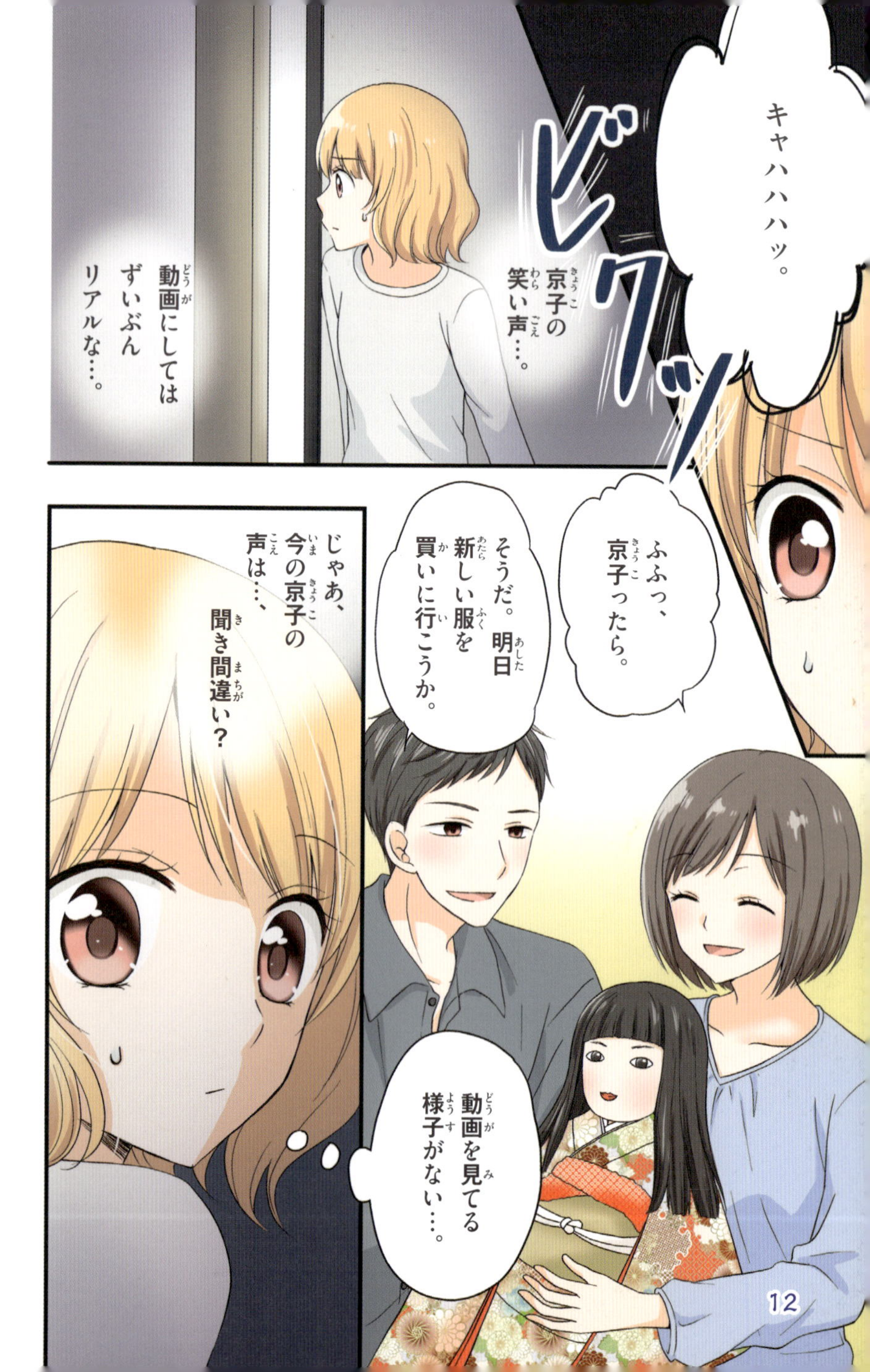
キャハハハッ。
ビクッ
京子の笑い声…。
動画にしてはずいぶんリアルな…。
ふふっ、京子ったら。
そうだ。明日新しい服を買いに行こうか。
じゃあ、今の京子の声は…、
聞き間違い？
動画を見てる様子がない…。

それにしても、ほんと気味の悪い人形……。
ギロ
ニタァ
――っ!?
ダン
何、今の!?

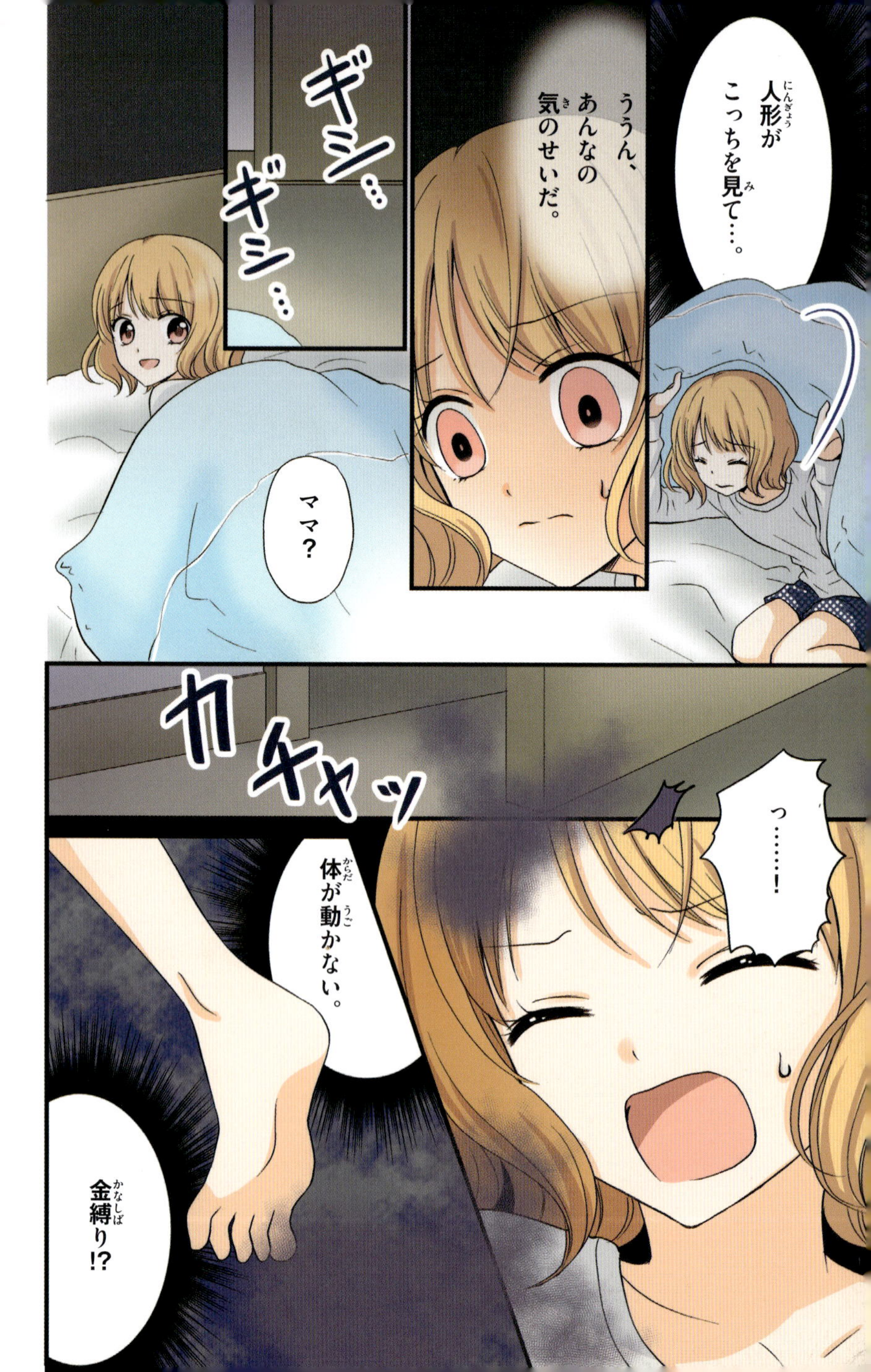
人形がこっちを見て…。
ううん、あんなの気のせいだ。
ギシ…
ギシ…
ママ？
カチャッ
っ……！
体が動かない。
金縛り!?

ヒタ…
人形!?

明里…。私ね、あなたのことが大きらい。
違う…この人形は。
だから、
一番つらい目にあわせてあげるね。
京子、そのものだ……!!

……夢？
きっと、人形が怖いと思ってるから、あんな夢を見たんだ。
え？
明里。
今日でお前とはお別れだ。
えっ、待って。
どういうこと？

ママとパパは、
京子がいればいいのよ。
ハッ
ママ!?
パチ
パチ…
火が……。
ママ火事だよ!
パパ!

フフフ。
私はこれからもパパとママと一緒。
でも、明里。あなたはいらないの。
だから今すぐ出ていきなさい。
ごほっ
ママ！パパ！
逃げよう。早く！

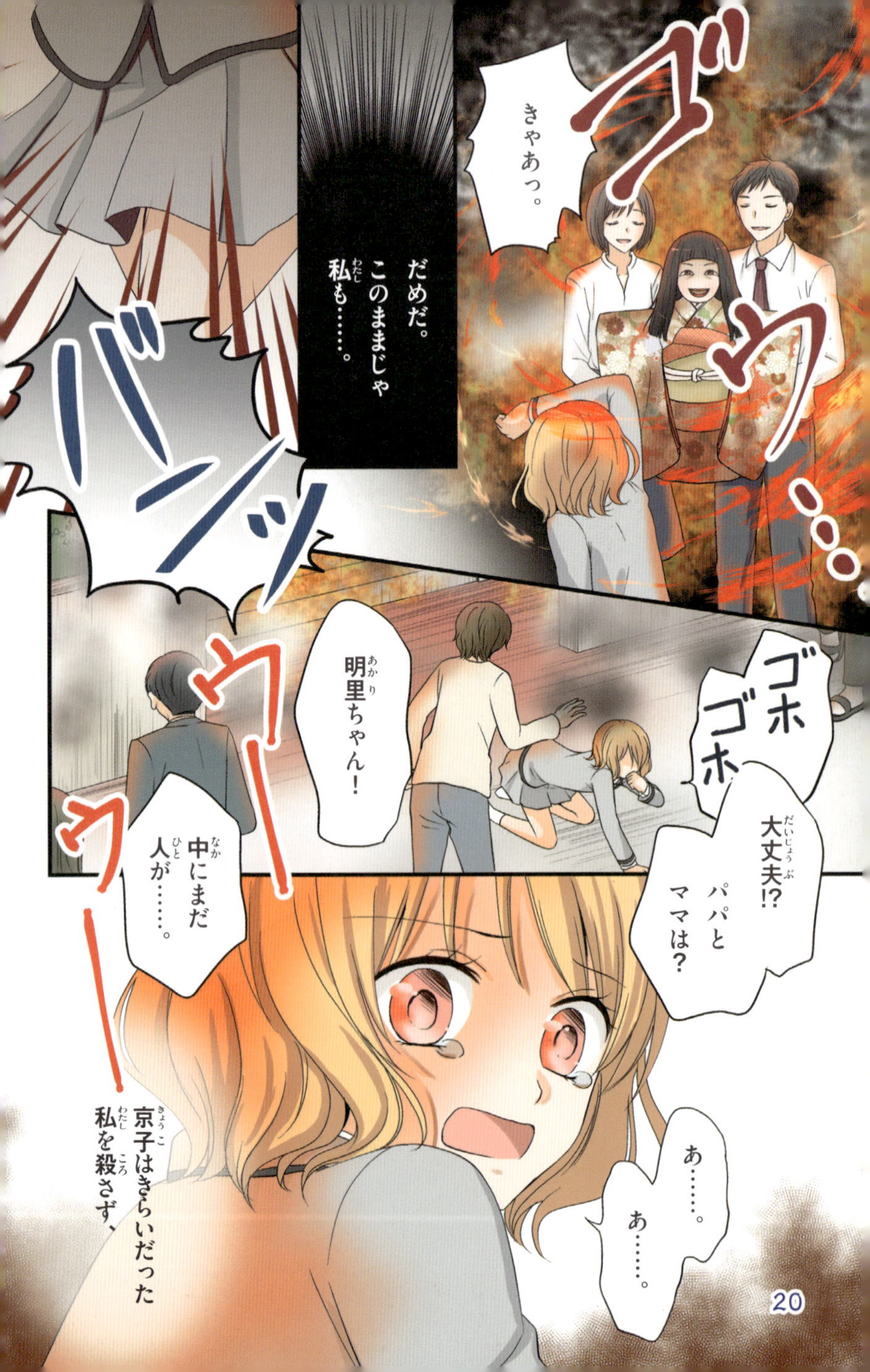
ゴウ…。
きゃあっ。
だめだ。このままじゃ私も……。
バンッ
明里ちゃん！
ゴホゴホ
ウーウー
大丈夫!? パパとママは？
中にまだ人が……。
あ……。あ……。
京子はきらいだった私を殺さず、

私の大切なものを
奪っていった。
あはははっ。
あはははっ。
一番
残酷な方法で…。

長い髪

里依さんは、大学に入って
ワンルームマンションで
一人暮らしを始めました。

中学、高校と運動部だった
里依さんは、
大学でもスポーツサークルに
入ろうと思っていて、
ずっとショートカットにしていました。
髪の手入れも部屋の掃除も楽だし、

「ロングヘアの自分は
想像できないよ！」
と言って、友だちとの話のネタに
するくらいだったのです。

でも、最近、里依さんには
気になることがありました。
部屋に、どう考えても
自分のものではない
長い髪が落ちているのです。

初めは、電車に乗っているときとか
外出のときに、
どこかで誰かの髪が
くっついてきたのかと思ったのですが、
家から出なかった日にも、
気がつくと落ちているのです。
友だちが遊びに来たわけでもなく、
掃除をきちんとしても、
ふと見ると落ちているのです。
床の上に…。
浴槽の中に…。
ベッドの上に…。
クローゼットの中に…。

『……前に住んでいた人のかな……。
それにしてもおかしいよね。』
さすがに気になってきた里依さんは、
休みの日に天井のほこりまで
掃除機で吸い取って
部屋中きれいにしました。

でも、気がつくと、
やっぱり長い髪が落ちているのです。
里依さんは、ひょっとして誰かが
勝手に入ってきているのではないかと、
マンションの管理会社にも
問いあわせてみました。

もしかして以前の住人が、
入ってきているのではないかと
思ったのです。
当然、そんなことはありませんでした。
管理会社の人に、
「お客さまの入居前に
新しい鍵と交換しているので、
前に住んでいた方が
入ってくることはありえませんよ。」
と言われました。

気になるとよけいに目につくのか、
前よりも日に日に

落ちている髪の量が
増えているように思えてきました。
その度に部屋を掃除するのですが、
やはり髪は落ちています。
何度も掃除をくり返しても、
気がつくと一本、二本……と、
落ちているのです。

『……もう！　何でなの!!』
だんだん里依さんは、
我慢できなくなってきました。
理由はわからないので
怖いというより、
腹が立ってきたのです。
『絶対につきとめてやるから！』
ついに、里依さんは一日中部屋で
見張ってみることにしました。

　休みの日、
里依さんは部屋中を掃除して、
ただじっと座って見ていました。
見張っているのを
知られているのかいないのか、
何もおこりません。
『あー、もうっ！』
少しくたびれてきた里依さんは、

そのまま床に横になりました。
『……え……！』
里依さんはぎょっとしました。
そこに、長い髪が落ちていたのです。
『さっき掃除したばかりなのに……。』
とうとう、里依さんは、
『お化けのしわざなんじゃないか。』
とまで思うようになりました。
そこで、高校時代の同級生で
幽霊が見えるという
友だちがいるので、
久しぶりに連絡をとって、
会うことにしました。

待ちあわせていたカフェに行くと、
その友だちの真菜さんは
もう席に座って待っていました。
「真菜、久しぶり！　お待たせ‼」
そう言って真菜さんの前に
座った里依さんですが、
どうも真菜さんの様子が変でした。
里依さんは久しぶりに会ったので、
いろいろ話しかけるのですが、
真菜さんはただあいまいに
相づちを打つばかりなのです。
それでも里依さんは、
あの長い髪の話を始めました。

一通り話し終えても、
やはり真菜さんは
ずっと神妙な顔をしています。
「ねぇ、やっぱり何かあるの？
気にしないから、
何かわかるなら話して。」
里依さんがそう言うと、
やっと真菜さんは口を開きました。
「……あのね。
里依の背中に、
髪の長い着物姿の女の子が
くっついてるんだよ。」

思わずポカンとした里依さんに、
真菜さんは続けました。
「その子はね、ずっと髪をとくように
自分の髪をむしってるの。
ずっと……。
きっと、その子の髪がなくなったら、
次は里依の番……。」
「え……。」
言葉を返せない里依さんに、
真菜さんは言います。
「里依、
ずっと髪ショートだけど、
伸ばしちゃダメだよ。
もしこれから髪を伸ばしたら、
むしられるよ。」
「……もしかして、その子……、
今ここにいるの？
私の部屋にいるんじゃなくて？」
そう尋ねる里依さんに、
真菜さんは答えました。
「そうね……。いるよ。
何でかわからないけど、
里依のことが気に入ったみたい。」
『…そんなことってあるの？』
里依さんはそう思いましたが、

それが顔に出ていたのか、
真菜さんは言いました。

「こういうのって、
理由なんかないの。
ただ、できごとがあるだけ。
今のままショートにしてても、
いつか自分の髪がなくなったら
里依の髪をむしろうとしてくるよ。
それに……。」

真菜さんは初めて里依さんを
まっすぐ見て言いました。

「私は見えるだけで、
その子を離してあげることは
できないの。ごめん。」

その日から、
里依さんはどんどん髪を
短くするようになって、
ついにお坊さんのように
頭を剃るようになりました。
外出するときは、
ウィッグをつけるようにしています。

今日も、気がつくと
里依さんの部屋には
長い髪が落ちているのです。

高校生の優芽さん一家は、お父さんが運転する車に乗って深夜の高速道路を移動していました。
優芽さんのおばあさんの家からの帰りでしたが、車の渋滞を避けて、夜遅くに出発しました。

「寝てていいからね。」

助手席のお母さんが後部座席の優芽さんに言いました。
優芽さんは最初こそスマホをいじって時間をつぶしていましたが、飽きてきたので窓の外の風景を眺めて気を紛らわせていました。
車での長時間移動になかなか慣れない優芽さんは、たまに隣の車線を走る車の色や形を見て眠気が来るのを待っていました。

何となく見ていると、左斜め前を走る赤い車の屋根の上に
荷物が載っているのが目に入りました。
ちょうど運転席の上のあたりに、丸いカバンのようなものが載っています。
ちゃんと固定していないのか、ぐらついて見えました。
『何だろ？　落ちたら危ないのに……。』
と、思っているときでした。
ちょうど大きな照明の下を左斜め前の車が通り抜けました。
車の屋根に照明が当たり、何が載っているのかがわかりました。それは……、

女の人の生首。

長い髪が風でユラユラと揺れていて、
目玉をキョロキョロさせてあたりをうかがっています。
「お父さん！　斜め前の赤い車、追い抜かないで!!」
優芽さんは叫びました。するとお父さんは、

「優芽。…お父さんも見えてるよ。
アレは追い抜いたらダメなヤツだ。こっちに飛び移ってくる。」
お父さんは、スピードを落として、
生首が載った斜め前の赤い車との距離を空けました。
しばらくすると、後ろから走ってきた車が優芽さんたちの車を追い越し、
さらに、女の生首の載った赤い車を追い抜きました。
追い抜いた瞬間、女の生首は赤い車からその車の屋根に飛び移ったのです。
すると、今まで生首の載っていた赤い車は、突然スピードを上げると
スピンをして、ガードレールに激突して止まりました。
助手席のお母さんが110番に通報をして、
お父さんは赤い車を避けるようにして道路の先に車を進めると、
高速道路の前方に、別の車が横転しているのが見えました。
その車は、さっき女の生首が飛び移った車だったのです。

身近でおこる恐怖現象

本当に怖い話 MAX∞ 悪夢地獄

マックス無限

もくじ

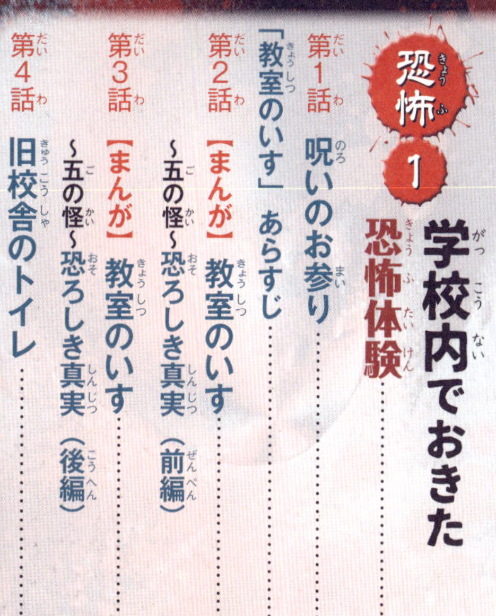

※この本に出てくる人名は、すべて仮名です。

恐怖1
学校内でおきた恐怖体験

学校内でおきた恐怖体験

呪いのお参り

第1話

小学六年生の亜弥さんは、
同級生の澪さんのことがきらいでした。
きらいというのも、
澪さんはクラスで一番成績が良くて、
友だちも多い人気者でしたが、
亜弥さんには
澪さんがそれを
鼻にかけているように
見えていたからです。

本当は、澪さんに勉強で
なかなか勝てないのが悔しくて、
ねたんでいたのかもしれません。
でも、亜弥さんはそれを
認めたくなくて、
澪さんのことを一方的に
きらっていたのでした。

テストの成績も、

澪さんが一番で亜弥さんは二番。
ときどき、亜弥さんが
勝つときもありましたが、
そんなとき、澪さんは、
「あー、がんばろ。次はがんばろ。」
と、わざと聞こえるように言うのです。

澪さんのまわりの
クラスメートたちも、
まぐれだというような顔で、
亜弥さんをチラ見するのです。
亜弥さんは自分が一番になったのに、
そんな澪さんたちの態度に
腹が立ってしかたがありませんでした。

ある日のテストで、
久しぶりに亜弥さんが
一番になりました。
すると、また澪さんは、
「あー、がんばろ。次はがんばろ。」
と、聞こえるように言い、
まわりの子たちは
亜弥さんをチラチラ見るのです。
亜弥さんはいつものように
気にしていない顔を
していましたが、
内心、悔しくて腹立たしい思いで
いっぱいになりました。

その日の放課後、亜弥さんは
図書室にある本を探しに行きました。

それは、呪いのかけ方が
書かれた本でした。

内容のほとんどは、
占いやおまじないのことなのですが、
少しだけ、呪いのことについて
書かれていたのを
亜弥さんは以前に見て
覚えていました。

『…あった！』

ぱらぱらと本をめくって、
神社での『呪いの願かけ』の方法が
書いてある部分を見つけました。

それは、十日間、神社に通って
呪いのおまじないを
唱えるというものでした。

亜弥さんは、さっそくその日の夜から
神社に通うことにしました。

『自分は努力してるんだから、
それで勝てないのは
澪のせいだ。』

『勝てなかったからって私に
いやみみたいなこと言うのが
ムカつく。』

亜弥さんは、呪いをかけて
澪さんに勝つことで
頭がいっぱいになってしまいました。

神社に行くと、亜弥さんは
本に書かれている通りに
呪いのおまじないを唱えて
祈りました。

『お願いです。
どうか澪がひどい目にあって、
私が一番になれますように――。』

それから毎日、亜弥さんは
神社に通い続けました。

あと数日で呪いの願かけが終わる頃、
亜弥さんは、教室で澪さんが
話しているのを聞いてしまいました。
「……何かね、最近腕にできものが
できて、それが顔みたいに見えて
怖いんだ。」
『……やった……！』
亜弥さんはひそかに喜びました。
それは呪いの効果だと思ったのです。

次の日、ついに澪さんは具合が悪いと
学校を休み、亜弥さんは呪いの効果に
違いないと思いました。

亜弥さんは大喜びで、
その日も熱心に呪いの願かけを
続けました。
『……どうか、どうか
私が一番になって、澪がひどい目に
あいますように……！』

その日の夜、亜弥さんは夢を見ました。
夢の中に、
ものすごく大きな狐が出てきて、
亜弥さんにくり返し何度も言うのです。

「……代償はもらう……、
お前の足をもらう……。」

狐は前足で亜弥さんの足に触れました。

「……忘れるな…、必ず代償はもらう…。」

亜弥さんは、汗だくで目覚めました。

夢だとはいえ、その言葉が気になってしかたがありませんでした。

『…代償って…私、何か取られるの…？』

亜弥さんがおき上がろうとすると、どうにも体が動きません。

見ると、自分の足がパンパンに腫れているのです。

『…まるで狐のしっぽみたい……！』

亜弥さんは、さすがに少し不安に
なってきました。

翌日、亜弥さんは足の痛みから、
ベッドから出ることもできず、
学校を休みました。
当然、神社に行くこともできません。
『…何よ、呪いもかけられないなんて、
私、全部だめじゃん。』
どんどん亜弥さんは
気分が落ちこんでいきました。

授業が終わった頃の時間になって、
お母さんが部屋に来ました。
「お友だち、お見舞いに来てくれたよ。」
お母さんが部屋に案内してきたのは、
何と、澪さんでした。

「！」

驚きのあまり、亜弥さんは
何も言えなくなってしまいました。
「…具合、大丈夫？」
亜弥さんは、黙ってうなずきました。

「あのね……。
…言うの恥ずかしいんだけど、
亜弥ちゃんと成績勝負するの、

実は楽しかったんだよね。
いつも話しかけたかったけど、
勇気なくて。」
亜弥さんは、澪さんの意外な言葉に
ポカンとしていました。
「だから、次のテストも
ちゃんと勝負したくて…。
亜弥ちゃんならいらないだろうけど、
今日の授業のノート
持ってきたっていうか…
よけいなお世話かもだけど。」
亜弥さんは、思わず……
泣いてしまいました。

『私は自分のことばっかり
考えてたのに、
澪ちゃんはすごく正直だ……。』
　亜弥さんが涙を拭きながら
澪さんを見ると、
いつの間にか澪さんの隣に
澪さんによく似たおばあさんが
座っていました。
亜弥さんが思わず
そのおばあさんを見ていると、
澪さんが言いました。
「あ、亜弥ちゃんもやっぱ見えるんだね。

死んじゃったうちのおばあちゃんなの。
亜弥ちゃんはちゃんと話せば
わかってくれるから、
話してみなさいって。」

そのおばあさんは、
亜弥さんの足をなでるように
手をかざしました。

すると、部屋のどこかで
動物の鳴き声のような声が聞こえて、
動けないほどだった足の腫れが
ひいていくのがわかりました。

「おばあちゃん、私の手のできものも
治してくれたの。」

澪さんは続けて言いました。

「これで大丈夫だから、
もう変な願かけはしちゃだめって、
おばあちゃんが言ってるの。
願かけって何のこと？」

「……ごめんね、澪ちゃん。
ほんとはね……。」

亜弥さんは今度こそ本当に
きらわれるのを覚悟して、
すべてを澪さんに話して謝りました。

このことがきっかけで、
亜弥さんと澪さんは
仲良しの友だちになりました。
亜弥さんは、もうずるいことは
やめようと思いました。

でも……。

それ以来、ずっと澪さんの後ろに
おばあさんが見えるのが、
亜弥さんの悩みの種になりました。
おばあさんはいつも
にここしているのですが、
なぜだか、ときどきとても怖い顔をして
亜弥さんを見ていることが
あるのです……。

あらすじ

二年B組でいじめにあっていた飛鳥が、自宅マンションから飛び降り自殺した。その後、亡くなった飛鳥の「いす」に座った生徒は、悪霊が見える能力に目覚め、その能力に苦しんで悲惨な末路をたどるようになった。

早乙女先生は、呪われた"asuka"のいすを何とか封印しようと、いすの行方を追っていた…。

ある日、ある生徒との会話からいすの呪いの力を無力化する方法を発見したかに思えたが…、何と学校の屋上から、早乙女先生が転落してしまった……。

恐怖1
学校内でおきた恐怖体験
第2話
教室のいす
～五の怪～恐ろしき真実
（前編）
一ノ瀬いぶき
故早乙女梓儀
本葬儀式場
早乙女先生の葬儀当日。
早乙女先生…、何でこんなことに……。
ぐずっ
※「教室のいす」は、「本当に怖い話MAX」「悪霊当番」から続いています。

知らない制服……?
早乙女先生…。
私たちがいすのあった場所、言わなければよかったのかな…。
いす?
〝asuka〟のいすのこと?
……あのっ。

えっと…。違ったらごめん…。
今「いす」って言ってたよね？
もしかして、早乙女先生から〝asuka〟のいすの話を聞いた？
やっぱり……。

もしかして、あなたたちも被害者なの？
被害者ってことは、あなたたちはあのいすに座ったの？
そうして、四人はお互いにあったことを話しました。
じゃあ、一実と里奈はいい守護霊が見えるようになって、
楓ちゃんと麗乃ちゃんは、悪霊が見えるようになった…。
少しも怖い幽霊は見えないの？
うん…
キラキラしたやさしい霊しか、見たことない。

う〜ん
早乙女先生も不思議がってたの。
とにかく、早乙女先生のためにも
あのいすを何とかしなくちゃ！
私たちで何とかできるのかな？
もちろん！私たちだけじゃないわ！
?

一実と里奈は、いい霊が見えるんでしょ？
ってことは、きっと早乙女先生も見える！
そっか！
実は前に早乙女先生から飛鳥のお母さんの住所を教えてもらってたんだ。
だから二人に早乙女先生を探してもらって、私と麗乃は飛鳥のほうを…。
何かつかめるかもしれない！

先生のお葬式にもいなかったから、ここにいるかと思ったけど……。
見当たらないね…。ここじゃないのかな？
どうしよう。
お墓参りしてみる？
そうだね！
その頃楓と麗乃は、飛鳥のお母さんの家を訪ねていた。

ここが飛鳥のお母さんの家？
そう。
ちゃんと〝学校のいじめをテーマに作文を書くためにお話を聞きたい〟って、連絡してあるから。
ここかな
事件のあったマンションから、引っ越しちゃったんだね……。
さすがにね…。
押すよ？
ピンポーン
201

何も言わない子だったから…。
気づけなかったことに、今でも悔いているのよ。

学校でおきてることは、なかなか親にはわからないものだから……。

これは、あの子の遺書です。
飛鳥の遺書……。
お母さんへ
遺書
お母さんごめんね。
わたしみたいな変な力を持った子いらないよね。
もうつかれちゃったよ。　飛鳥
無理させてしまったのと、誰が何であの子をここまで追いつめたのか、
やっぱり考えてしまう。

今日はありがとうございました。
こちらこそ。
…何だか、少しかわいそう。
………でも、

だとしても、
無差別に人を苦しめていいわけないよ。
わかってるけど…。
うん。今はまず飛鳥の霊がどこにいるのか、
探すことが大事だね！
次は事件のあった前のマンションに行ってみよう！

ここが、飛鳥が自殺した場所ね。
え!? あれって!
まさか!?
ひゅおおお…
――っ!?

きゃあっ!!
ドン
飛鳥(あすか)っっ!!?

ヨロ…
すぅっ
消え…た？
スッ…
あ…あんた…。
何で何度も飛び降りてるの？

※次ページの「教室のいす～五の怪～恐ろしき真実（後編）」に続きます。

恐怖1
学校内でおきた恐怖体験 第3話
教室のいす
～五の怪～恐ろしき真実
（後編）
一ノ瀬いぶき
早乙女家之墓
早乙女先生のお墓に楓と麗乃は急いで向かいました。
一実!!
里奈！
どうしたの一実は……！
楓！
ここに来て少ししたら、突然倒れちゃったの…！

一実ちゃん!? 大丈夫!!
ぱちっ
!!
みんな ついて来て!
えっ
どこ行くの!?
か…一実!?
いいから! あと、楓さん電話をお願い。
う、うん…!

私たちの学校？
2年B組
何でここに？

ガラッ
飛鳥……!!
ど…どうしたの みんな…!?
そっか、里奈は 見えないいんだっけ。
ギロ
また——、あなたたち？ 用はないわよ。

死んでやっとわかったわ。
あなたは、飛鳥であって、飛鳥じゃないの！
さ…早乙女…先生…!?

ごめんね。

誰かに※憑依しないと、まともに話すことも意思を伝えることもできなかったの。

※憑依…霊などが乗り移ること。

えっ

早乙女先生…？

だから、一実ちゃんの体を少し借りたわ。

ふわっ

楓さん
麗乃さん、
あなたたち今日、飛鳥の幽霊をマンションで見たでしょ？
見ました…。
あれが本当の飛鳥の幽霊。
死んでからもずっとあの場所で、飛び降り自殺をし続けているの。
え…!?
ヨロ
確かに話しかけても、まったくこっちを見てくれなかった。

あの飛鳥が本物……？
じゃあ、
この飛鳥は……何？
ニヤッ
こいつは──。

生霊よ！
生霊……!?
楓さんたちが
今日会ってきた
飛鳥の
お母さんのね！

……な、
何で
……そんな。
驚くのも
無理はないわ。
あんなに
後悔してて、
やさしそうな
お母さんが…!?
作り出した
本人すら、まったく
気がついてないのよ。
気がついてない…?
生霊は
生きている人間の
強い恨みの念で
作り出される霊魂なの。

浄霊しようとしても、
お母さんの飛鳥を失った悲しみや、
恨みの念が消えない限り消滅しない！
それだけ恐ろしい存在で、あんな「いす」まで生んでしまったの！
浄霊できなかったのは、
そういうことだったの……。

浄霊できないって…、
じゃあ どうすれば いいの!?
スタスタ
ガラッ
こうするの！

飛鳥のお母さん…!?
どうして…。
さっき一実…、
先生に電話で連絡してって言われたから。
ここに来るようにって…。
飛鳥のことで、緊急の話があるって言うから来たけど…。
あなたたちいったいどうしたの?

急に呼び出してすみません。
飛鳥さんのお母さん…。
信じてもらえないかもしれないですが、
あそこにあるのが
飛鳥さんが当時使っていたいすです。

asuka
これが…？

カタ
……
ガクッ
うっ……
うっうっ……

飛鳥はここに座っていたの？

あっ…

ゆらっ
あ……
あす…か。
飛鳥（あすか）なの……？
こんなところにいたのね……。
ガタ

飛鳥…。
一人で苦しんで…、
ごめんなさいね。
お母さん気づいてやれなくて…。
…っ
ぐっ
あす…か…。
ふる…

ボタッ
ドロドロ
ドロドロ
ひっ!
いっやあぁあ
あぁあっっ

ニヤ
わ……
私……!!?
フラッ

ズルッ
大丈夫ですか!?
消えた……の？
お母さんに吸いこまれたように見えたけど…。
にこっ
一実……!!!

あの日を境に、
飛鳥の霊は現れなくなった。
"asuka"って文字も、もうほとんど読めないいね。
うん…。
"asuka"のいすも、無事に元の位置に戻された。

終わったのかな……？
たぶんそういうことなんじゃないかな。
そっか。
ざわざわ
私…何にも覚えてないけど……無事に終わったのかな？
ん～…
あれから楓たちからおかしな話も聞かないし、
きっと大丈夫だよ。

ただ…、
お母さんのほうは
精神がおかしくなって、
病院から出ていって
行方不明になったって
噂を聞いたけど…。
……見つかると
いいね…。

本当にこれで
終わったの
かしら……？
私には、
また何かが
おこる気がして
ならない……。
スウ…

学校内でおきた恐怖体験

旧校舎のトイレ

第4話

美結さんが通っていた
小学校での話です。
美結さんが小学一年生の頃、
学校で『旧校舎の女子トイレ』という
噂話がありました。
《そのトイレには
女の子の幽霊がいて、
入ると閉じこめられてしまう。》
という話です。

美結さんは一年生だったこともあり、
そんな噂はよくわからないし、
あまり気にしていませんでした。
むしろ旧校舎の古めかしい雰囲気が
怖い感じがしました。
一年生の教室はその旧校舎に
あったのですが、
少しずつそんな雰囲気にも慣れて、
いつの間にか怖いという気持ちも

忘れていました。

そんなある日、美結さんは
偶然そのトイレに
入ってしまいました。
左側の前から三番目の個室。
噂では、そこがその女の子が
出るという個室でした。
「あー、美結ちゃん
おばけトイレに入ったー！」
友だちが、ここぞとばかりに
おどかしてきます。
気にしていなかったとはいえ、
噂は知っているし、
本当は少し怖かった美結さんは、
もし女の子が出たら
すぐ逃げられるように、
鍵をかけないで内側に開くドアを
足で押さえていました。

「あれぇ…。」
おっかなびっくりで用を済ませて、
外に出ようとすると、
ドアが開きません。
押しても引いても、
取っ手をガチャガチャしても

開きませんでした。
「ねえ、怖いよー。
おどかすのやめてよー。」
美結さんはドアの外にいる友だちに
叫びましたが、
なぜか返事はありませんでした。
それどころか、休み時間で
さっきまであんなに騒がしかったのに、
何も聞こえないくらい
シーンとしていました。
『え、休み時間終わったの？』
それにしては静かすぎます。
怖くて我慢できなくなった美結さんは、

ドアの向こうにいるはずの友だちに
叫びました。
「とっちゃーん！　えっちゃーん！
開けてー！　開けてよー!!」
やっぱりドアは開きません。
何度も何度も叫んでいると、
友だちの声が聞こえました。
「美結ちゃーん！　大丈夫ー？
美結ちゃーん!!」
「ここだよ!!」
そう叫んだとたん、
あんなに開かなかったドアが開き、
その勢いで美結さんは
床にしゃがみこんでしまいました。
「美結ちゃん！　大丈夫？
きっとトイレの女の子のせいだよ！」
その言葉が怖くて、
美結さんは泣いてしまいました。

何日か経ったある日。
美結さんたち一年生は、
先生たちと一緒に
集団下校をしていました。
みんなで一列になって歩いていて、
美結さんは列の前のほうに
並んでいました。

「みんな、ちょっと止まって！」
後ろにいた先生が言います。
「上山さんがいないの！
誰か、見なかった？」

ついさっきまで
後ろのほうに並んでいたはずの
上山さんが、
いなくなったと言うのです。
先生たちがあちこち探して、
ついに一人の先生は来た道を
学校まで逆に戻って探しに行きました。
「みんな、大丈夫だからね。
このまま、帰ろうね。」

残った先生の言うことを聞いて、
美結さんたちは
そのまま家に帰りました。

その夜、上山さんが見つかったという
連絡があったと、
お母さんが教えてくれました。
不思議なことに、
その子はあの旧校舎のトイレで
見つかったのです。
入り口から左側の、前から三番目の個室。
友だちがみんな、その子に聞いてみても、
気がついたらそのトイレにいて、

鍵は開いていたのに出られなかった
と言うのです。
しかも、集団下校の列に
並んでいたことは
覚えているのに、
トイレに入ったことは
覚えていなくて、
気づいたらトイレにいたそうです。

先生たちは、念のために
あのトイレのドアや鍵を
調べていましたが、
何もおかしなことはなく、

それからもそのトイレは
ずっと使われていました。
「あの女の子のしわざだ。」
そんな噂がまた広がりましたが、
美結さんはなるべく
聞かないようにしていました。

五年が経ち、美結さんが六年生に
なったときです。
学年が上がったことで
教室が新校舎に移ったのですが、
偶然、旧校舎のそのトイレに
入ることがありました。

みんなで一緒にトイレに行き、
廊下で待ちあわせをしていたときです。
美結さんが手を洗っていると、
急にトイレの明かりが
チカチカし始めました。
『あれ？』
と思う間もなく、
どんどんそれは
ひどくなっていきました。
すると、何か声が聞こえるのです。

美結さんが耳をすませると、
その声はトイレの床から
聞こえているようでした。
地面を静かに揺らすような、
低い声です。
「ねぇ。何か変な声、聞こえない？」
隣にいる友だちに話しかけて、
美結さんが横を向くと、
そこには知らない女の子が
立っていました。
その女の子はなぜかじっと
美結さんを見ていて、
横を向いた美結さんと
ちょうど目があいました。
『え、誰？ いつの間にいたの…？』

そう思った美結さんの考えが
読まれているように、
女の子は美結さんを見て、
ニタッ
と笑いました。
『きゃあっ!!』
美結さんは悲鳴を上げて
トイレを飛び出し、
廊下で待っていた友だちに
『誰!? あの子、誰なの!?』
でも、友だちは言いました。
『私たちでいっぱいだったから、

ほかの子なんていなかったよ。
美結ちゃん、大丈夫？」
友だちは少し心配そうに言いました。

『みんなであそこにいたのに、
私にしか見えていない。
それに……。』
美結さんは気がつきました。
『…あの女の子も鏡の前にいたのに、
私しか映ってなかった。』
みんなが信じてくれないような
気がして、それ以上誰にも
そのことを言えませんでした。

その旧校舎は、もともと中庭に
あった沼を埋めて建てたそうで、
昔は子どもが沼で溺れて
死んでしまったりする事故が
多かったそうです。
それだけではなく、
旧校舎のまわりには
なぜか立ち入り禁止の場所が多く、
『もしかして、
何か関係があるのかも……。』
と美結さんは思いました。
その旧校舎は取り壊されて
今はもうありません。

恐怖2
課外活動でおきた恐怖体験

課外活動でおきた恐怖体験 白装束の男

第1話

菜穂さんは高校の冬休みの間、
歴史の授業の課外活動で
遺跡の発掘調査のボランティアを
することになりました。

住宅や道路の工事で
地面を掘っていると
大昔の遺跡などが
見つかったりすることがあって、

そんなときは工事を止めて、
発掘調査を優先します。
菜穂さんが住んでいる街は
しょっちゅう遺跡が見つかって、
その度に学者たちが
近くの大学や高校で
バイトやボランティアを
募集しているような、
そんな街でした。

菜穂さんの担当は、
発掘された遺跡の砂を払い落としたり、
土をスコップで少しずつ
掘っていくような作業でした。

作業は、菜穂さんの
想像以上に大変でした。
遺跡を傷つけないように、
慎重に掘り進め、
砂や土を払っていきます。
時間もかかるし
気の遠くなる作業でした。

「こんなにたくさんあったら、
終わんないよー。
あーあ、ボランティアじゃなくて
バイトだったらいいのに……。」
一緒に参加した友だちの永愛さんが、
不満を言っています。

『ほんと、永愛がいてくれて
よかった。』
菜穂さんはそう思っていました。

　ボランティアに参加して
何日かすぎた頃、
菜穂さんは発掘現場の中を
のぞくように立っている男の人を
見かけるようになりました。

その人は白装束で、
神社にいる人が着ているような
真っ白な着物姿なのです。
次の日も、また次の日も。
気づくと、毎日発掘現場の外から
囲いの中をのぞいているのです。
まるで、発掘しているものを
確かめているように見えました。
さすがに毎日見かけると
ちょっと気味が悪かったのですが、
それでも気にしないように、
菜穂さんは毎日作業を
続けていました。

〝コツッ〟
菜穂さんが掘っていたスコップが、
何かに当たりました。
軽く手で掘ってみると、
それはすぐに出てきました。
「……何だろう……？　板かな……。」
少しずつ土を払っていくと、
それは何か模様の入った板でした。
ノートより少し大きいくらいで、
見たこともない模様や文字みたいな
ものが書かれています。

菜穂さんが掘り出した板を

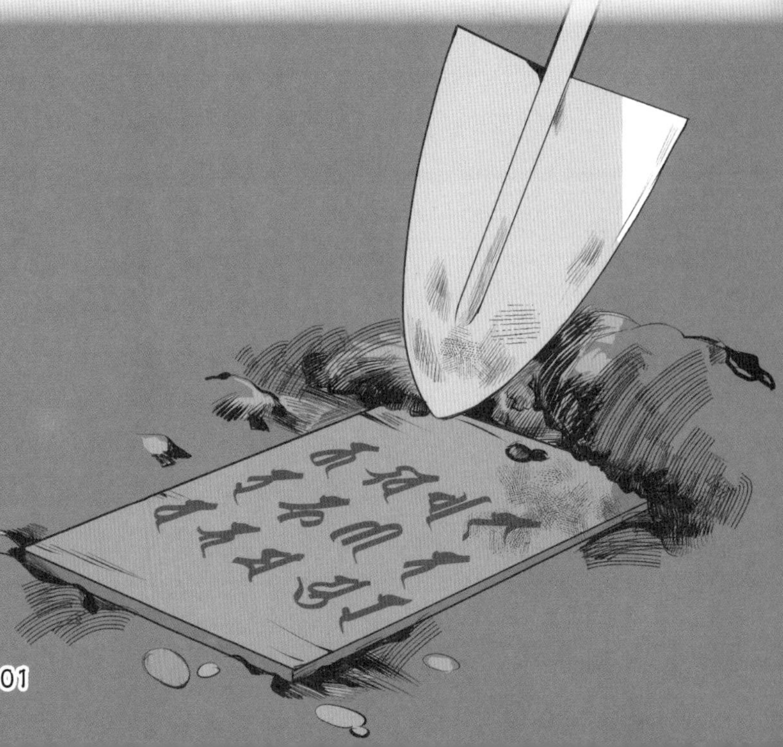

見ていると、
囲いの向こうで
「あああああああ！」
叫び声が聞こえました。

振り向くと、あの白装束の
男の人が叫んでいます。
意味がわからない言葉で、
間違いなく菜穂さんを見て
叫んでいるのです。

「……ちょ…、何かやばいよ……。
私、教授を呼んでくる！」
「ちょっと、永愛！」
永愛さんがテントのほうへ
走っていきました。
白装束の男の人は、叫び続けています。
初めは何と言っているか
わからなかったのですが、
よく聞いてみると、その人は、
「おこすな‼
それをおこしてはいけない‼
だめだ‼　だめなんだ‼」
そう叫んでいたのです。

「何⁉　何のこと⁉」
菜穂さんは何だか自分が
叱られているような気がしましたが、
どうにもできずに、
ついその板に土をかけて
隠してしまいました。
ともかく、その場しのぎでも
あの人が黙ってくれたらと
思ったのです。
すぐに永愛さんと教授が
やってきましたが、
あの男の人はいつの間にか
いなくなっていました。

その夜、菜穂さんは夢を見ました。
夢の中で、菜穂さんは
森の奥にある祭壇の前にいました。
巫女や神官のような人々が祈っていて、
菜穂さんは巫女の一人でした。
まるで、大昔の儀式のようでした。
やがて、一人の神官が、
何かを唱えながら
木の板のようなものを抱えて、
箱の中に入っていきました。
その箱はまるで棺のようで、
神官の入った箱は
厳重にふたをされて、

地面に掘った穴の中に入れられ
そのまま埋められていきました。
『え……これじゃ、生き埋めじゃん…。』

夢の中で菜穂さんはそう思いながら、
ずっと呪文のような、
聞いたこともない言葉を
ほかの人々と一緒に唱えていました。

目が覚めて、菜穂さんは
気がつきました。
『あの神官が持っていた板って、
もしかして私が掘り出した
板なんじゃ……。』
夢とはいえ、変な一致に
菜穂さんは少し怖くなりました。
『考えすぎだよね。
気にしてるから
夢に見たりするんだよ……。』
そう思っていると、
突然電話が鳴りました。
ボランティアのシフト担当の
サポーターさんでした。
「当分、発掘は中止になったんだ。」
サポーターさんは続けました。
「昨日の夜、みんなが帰ってから
事故があってね。
ケガ人が出たから、警察とかが
いろいろ調べることになって……。」
結局、菜穂さんは、

そのボランティアに
行くことはなくなりました。

　冬休みが終わる頃に
あの現場を通りかかると、
なぜか聞いていた予定より早く
現場は埋められていて、
道路工事をしていました。
春になってでき上がった道路は、
何だか妙な道でした。
まっすぐな道なのに、
途中で何かを避けるように
急にカーブになっていたり、
何だか造りがおかしいのです。
そのためなのか、
事故が多いと聞きました。

　菜穂さんは見覚えがありました。
何かを避けるようなカーブ……。
そこは菜穂さんがあの板を
見つけた場所だったのです。
それだけではありません。
その道路の歩道の隅に、
あの人が立っているのです。
あの白装束の男の人が、
まるで、そのカーブを

見つめるように……。
『あっ……！』
菜穂さんは思い出しました。
あの男の人は、夢で見た神官にそっくりだったのです。

菜穂さんがそれに気づいたとたん、耳元で声が聞こえました。
「いいか、おこすなよ。」
それは、間違いなくあの夢で見た神官の声でした。
菜穂さんが振り向いてもそこには誰もいません。
すぐに、あの男の人が立っていた場所を見ても、あの男の人は消えていました。
不思議なことに、永愛さんはあの白装束の男のことをまったく覚えていませんでした。

恐怖2
課外活動でおきた恐怖体験
第2話
山で亡くなった人
沢音千尋
おしゃべりしない。
まだ先は長いんだから。ほら。
塩田さんを見習って。
塩田さんは、おとなしいから…。
誰ともしゃべりたくないだけよ。
私は一人が好きなだけ。
帰りたい。
林間学校で、二泊三日。みんなと一緒なんて。
はー…
おい、人が来るから道を空けろよ。

ぜいぜい
ぎょっ
向こうの上級者コースを登る人たちだわ。
かっこいいーっ
ケガでもしたのかしら。
ほらほら、初心者コースでも油断しちゃダメって。
うわあああああ！

落ちた！
救助隊を！
おい、見るな！
わーーッ
きゃーーッ
生徒を向こうに。
後で思えば私はここで、
違和感に気づいていればよかったのかもしれない。
こら、外をのぞくな。

先生だって、救助が気になるでしょ!?
あれ？塩田さんは？
塩田は部屋だろ。
なわけない。
私も気になるって。
一人でよかった。
そう、一人のほうがいい。
気楽だし、
友だち同士の面倒ごともない。
勉強ができれば、のけ者にされることもないし。
ん？

あれは…。
昼間の！
お兄さん!!
ああ、あの
中学生たち。
さっきは
ごめんね。
怖かっただろ？
あ、え…と、
昼間すれ違った
中学生です。
事故の前に…。
救助活動が
気になって、
救助隊に
まかせたほうが
いいん
だろうけど。

おれの責任だし。
待って。
気持ちは
わかりますけど。

どくんッ..
足元が見えない。
宿泊所の明かりはすぐそこなのに、
夜の森がこんなに暗いなんて！
私、懐中電灯を持ってなくて。

お兄さん待って。

お兄……。

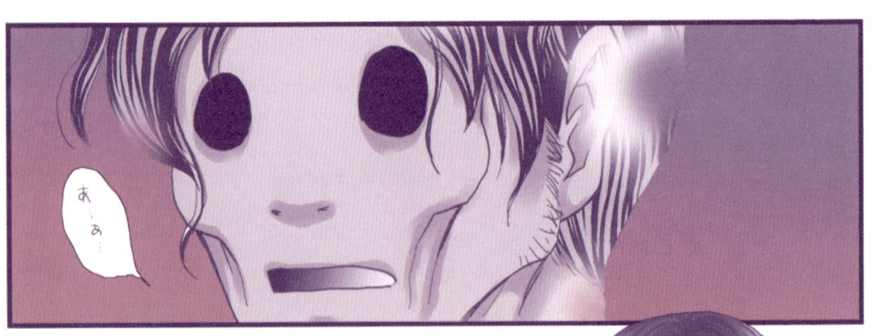
あ…あ…

この人

崖下に落ちたはずの——。

生きてる
はずない!!
足が動かない。
どくん!!!
がくがくがく
誰かいるの?
声も出ない。
ついてきたの?
お兄さん!!

こんな暗いなか、だめだよ。
ああ、あの、そこにお兄さんのお友だちが。
友だち？
そこにいませんか？お兄さんのお友だちが。
見えてない？それともどこに行った？
振り返れない!!
お兄さんが背負ってた——。
背負ってた？

ぼくは誰も背負ってないよ？
ぼくは一人で落ちたんだ。
崖のあたりで気分が悪くなって、それで。

ぼくは、
誰(だれ)も背負(せお)ってなんか…。
ボウ…
ニタァ…
ずり
ざざざ
きゃああ！
いたたァ……
は。

今度は足が動く！
たッ
どういうこと!?
二人とも幽霊？
はッ
…ああ、そうか。
あのとき、崖を落ちたのはお兄さんのほう。
「ケガ人を背負っていた」んじゃない。
あの人は
お兄さんに取り憑いた幽霊だったんだ！
…さん。

塩田!
宿泊所、抜け出すなんて!
危ないじゃないの!
えっ?
宿泊所のすぐ裏?
森は?
こらっ ついて来るなと言っただろ
いたら
わい わい
昨日の転落事故の現場から、別の遺体が発見されました。
チュン チュン

遺体は五年前に
行方不明になった
S市の男性で、
警察では自殺とみて
関係者から話を
聞いています。
おい、テレビ消せテレビ!
そんなー、先生!!
遺体の男性って…。
きっとあのお兄さんに取り憑いた人!

何年も一人……。
あの人
私たちや、山岳部のお兄さんたちがうらやましかったのかしら…。
塩田さん。

塩田さん、救助を見に行くなら、誘ってよ。
みんな塩田さんが、救助を見に行ったって思ってた。
塩田はそういうタイプじゃないと思ってたのに。
私たちの言うとおり、外を探して正解だったでしょ、先生。
は？塩田さんがおとなしい？
おとなしかったら、一人でいないわよ。
塩田さんをおとなしいって思ってる子もいるけど、
塩田さんは、肝が座ってるからって。

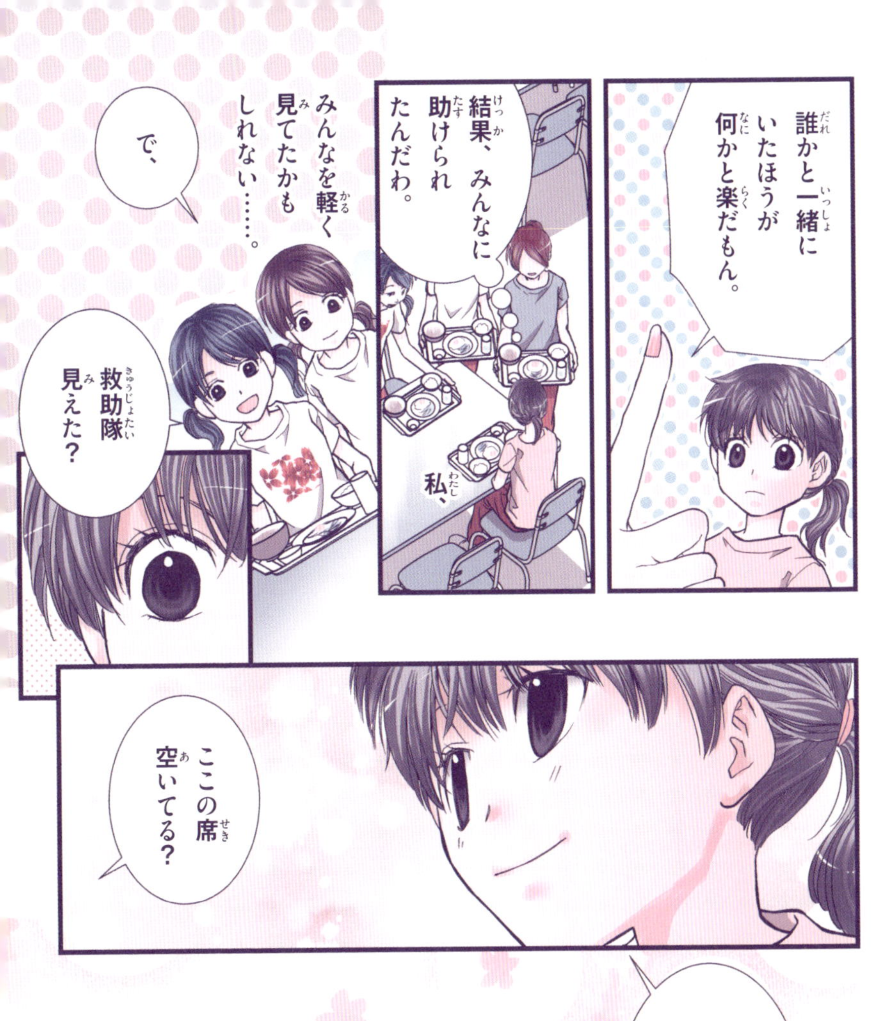

ええ、空いてるわ。その列全部。

最近、私は
一人で
いすぎるのも
もったいないかなと
思ってる。

課外活動でおきた恐怖体験
だんだん振り向く

第3話

高校二年生の麻衣さんは、
映画部に所属しています。
ホラー映画が大好きな麻衣さんは、
自分でもそんな映画が
撮りたくて入部しました。

昼休みのとき、
「ねえ、麻衣ってさ。
こんな噂知ってる？」
映画部の仲間、つむぎさんが
話しかけてきました。

その噂とは…。

何十年も前のこと、
当時の映画部の部員が
文化祭で上映するための
映画を撮りました。
夜のトンネルで撮影をしたシーンは、
トンネルの中に

ロウソクをずらりと並べて、
その間を女の子が舞うように
歩くという、
イメージ的な映像でした。
撮影後、8ミリフィルムに
現像された映像をみんなで見たとき、
あることに気がつきました。
舞うように歩く女の子とは別に、
後ろ姿の男の子が……ポツンと、
奥に映っていたのです。
「あんな子いなかったよね。
撮影中、トンネルの中は、
けっこう明るかったし、

いたら絶対気づくよね……。」
撮影現場には十人以上の生徒と
顧問の先生がいたのに、
誰も男の子がいたことに
気がつかなかったのです……。
「うわあ、これって幽霊じゃない？」
と、さっそく映画を完成させて、
文化祭で上映したそうです。
「へえ！
そんなおもしろいことが
あったんだあ。
その映像、超…見たいんだけど。」

「ねっ！ 見たいよね！
それでねっ、その当時のフィルムが、
今度ＤＶＤになるんだって！」
放課後、麻衣さんたちは興奮して
映画部の顧問の
樽井先生の元へ行きました。
「きみたちも、その話を
知っているんだ……。」
樽井先生は少し驚いた表情で
麻衣さんたちを見ました。
「先生もその映画のことは
聞いていたんですか？」

麻衣さんが興味津々で質問しました。
すると先生は、
「そりゃ……、まあな……。
その映画に映ったことは
今でも都市伝説のように
いろんなところで噂されてるからな。」
「え？　都市伝説？」
「そうだよ。聞いたことないか？
だんだん振り向く
男の子の霊……。」
樽井先生が聞いた都市伝説になった
という話はこうでした。

当時、その映画を上映したときは、
心霊映像としてかなりの話題になり、
評判はほかの高校や大学にも伝わり、
「上映したいから、
フィルムを貸してほしい。」
という依頼が殺到したのです。

そんなある日、
フィルムを貸し出している
高校の映画サークルから
当時の顧問の先生に電話があり、
「いやあ、すごい評判でしたよ。
あれは怖い！」

それを聞いた顧問の先生は、
「そうでしょう？
鮮明に映ってますしね！」
「すごいですよね。
振り向こうとしている横顔が
すごく怖い…。」
「そうですか、盛り上がって
よかったです。」
と電話を切った直後でした。
『……ちょっと、待てよ……、
振り向こうとしている横顔？』
映っていた男の子の幽霊は、確か

後ろ姿だった……。

確認しようと思った顧問の先生は、
先ほどの高校の映画サークルに
折り返し電話をかけました。
「あ、あの…さっきの話ですけど……、
その映像で私たちが見たのは
後ろ姿ですよ。
横顔ではないんですけど。」
「いや、どう見ても横顔でしたよ。
この世のすべてを憎むような怖い目で。
間違いなく横顔です。」
「いや、後ろ向きに立ってるだけの

はずなんですよ。
顔なんか見えなかったんです！」
顧問の先生がそう言うと、
電話の向こうの相手は
ピーンと凍りついたように
黙ってしまいました。

顧問の先生は、ほかの学校にも
確認してみようと思い、
その前に貸した大学の映画研究会にも
電話をかけました。
「あ、あのフィルムの
ことなんですけど……。」

「ああ、もうそりゃあ
すごい評判でしたよ！
ほんとに怖いですよ、あれ!!」
「男の子、怖いですよねえ……？」
「怖い怖い。ちょっと振り向いた
感じの目がすごい！」
「……横顔が…怖かったですか……？」
「？　横顔ほどじゃないでしょ？
ちょっと振り向いて
目が見えそうなくらいの
あの感じですよね、あれが怖い！」
「横顔ほどじゃない？」
「ほら、ね、ほら！

ちょっとだけ目が見えそうな感じが
怖いじゃないですか！」

顧問の先生は気づきました。
男の子の幽霊は
フィルムを貸し出して上映するたびに、
だんだんこちらを振り向くように
変化しているのです。
顧問の先生は
親類に神社の神主さんがいたので、
そのことを相談しました。
「フィルムを貸し出した
学校のリストを見せてくれないか。」

と、神主さんは言いました。
何だろうと思って、見せてみると……。
「見ろ……。フィルムは西へ向かっている。
男の子の幽霊は西をめざしているんだ。
目的地に着いたとき、

完全に振り向いたら……終わりだぞ。」
と、神主さんはつぶやいたのです。
リストを見ると確かにフィルムは、
だんだん西にある学校のほうへ
移動しています。
次に貸し出すことになっていた学校も、
例外なくさらに西の方向でした。
「大変なことになるかもしれない。
これ以上フィルムが西へ向かうことは
絶対に阻止しろ。」
「振り向いたらどうなるんですか？」
と、顧問の先生が聞くと、
神主さんは深刻な表情で答えました。

「恐らく大きな災いがおきるだろう…。」
顧問の先生は、
次にフィルムが行くはずだった
学校に連絡して、一度フィルムを
メンテナンスするという理由で
この学校に戻したのです。
フィルムは、〝NGフィルム〟と書いて
倉庫に封印しました。

「だんだん振り向く幽霊の話、
うちの学校が出どころだったんだ…。」
興奮がすっかり冷めた麻衣さんは、
少し青ざめた顔で言いました。

つむぎさんは樽井先生に聞きました。
「そんなフィルム、
何でDVDにしたんですか？
大きな災いがあるんでしょ!?」
「元々する気なんてなかったんだよ。
ただ、倉庫にあった古い作品を
もう一度上映しようって話があって
フィルムを探していたら、
いつの間にかDVD化する
リストの中に、その作品が
紛れこんでいたんだ。」
樽井先生はおもむろに
DVDを一枚取り出しました。

「これだよ。昨日でき上がった。」
そのDVDには、
〝NGフィルム〟と書かれていました。
「……見るか？
いや、見ないほうがいい。
何がおこるかわからない……。」
麻衣さんたちは、すっかり映像を
見たい気持ちが失せてしまいました。
「何十年もたった今、男の子の幽霊は
どうなってるんでしょうか？」
麻衣さんの問いに樽井先生は、
「さあな。さすがにもう、
こっちを向いてるんじゃないか。
その姿を見たら……。」
「見たら……？」
「……最後…じゃないかな？
いろんな意味で……。」

それからしばらくして、
そのDVDは
行方がわからなくなったのです。
樽井先生がこっそり焼き捨てたという
噂もあるのですが、
実際はどうかわかりません。
ただ、このフィルムをDVD化した
会社の担当者が、突然行方不明になり、

今もなお見つかっていないのです……。
担当者は、フィルムを
DVDにするときに
完全に振り向いた男の子の幽霊を
見てしまった……のかもしれません。

あなたのまわりに、
〝NGフィルム〟と書かれた
DVDはありませんか？
もし見かけても、
絶対に再生しないでください……。

恐怖2
課外活動でおきた恐怖体験
第4話
ピロ――ッ
待ちに待った修学旅行。
あはは
東京から京都へ向かう新幹線の中。
森宮苺中学三年生。
新幹線の少女
水島みき
ガ――
あ!
トンネルに入ったね。
そういえば…。
ねえねえ…。
こんな怪談知ってる?
?
えっ
やめてよ
ちょっとー
ミ

このトンネル、戦前に造られた古いものだけど、
外の暗闇をじっと見てると、工事で死んだ人の顔がぼんやりと…。
キャーッ!
ほらっそこ!!
あはは
苺が固まってる-
……くだらない。
工事で死者がたくさん出て…、その手の怪談ネタによく使われるのは、在来線の丹奈トンネル。
こっちは、新幹線の新丹奈トンネル。
別物でしょ。
倉橋さん…。

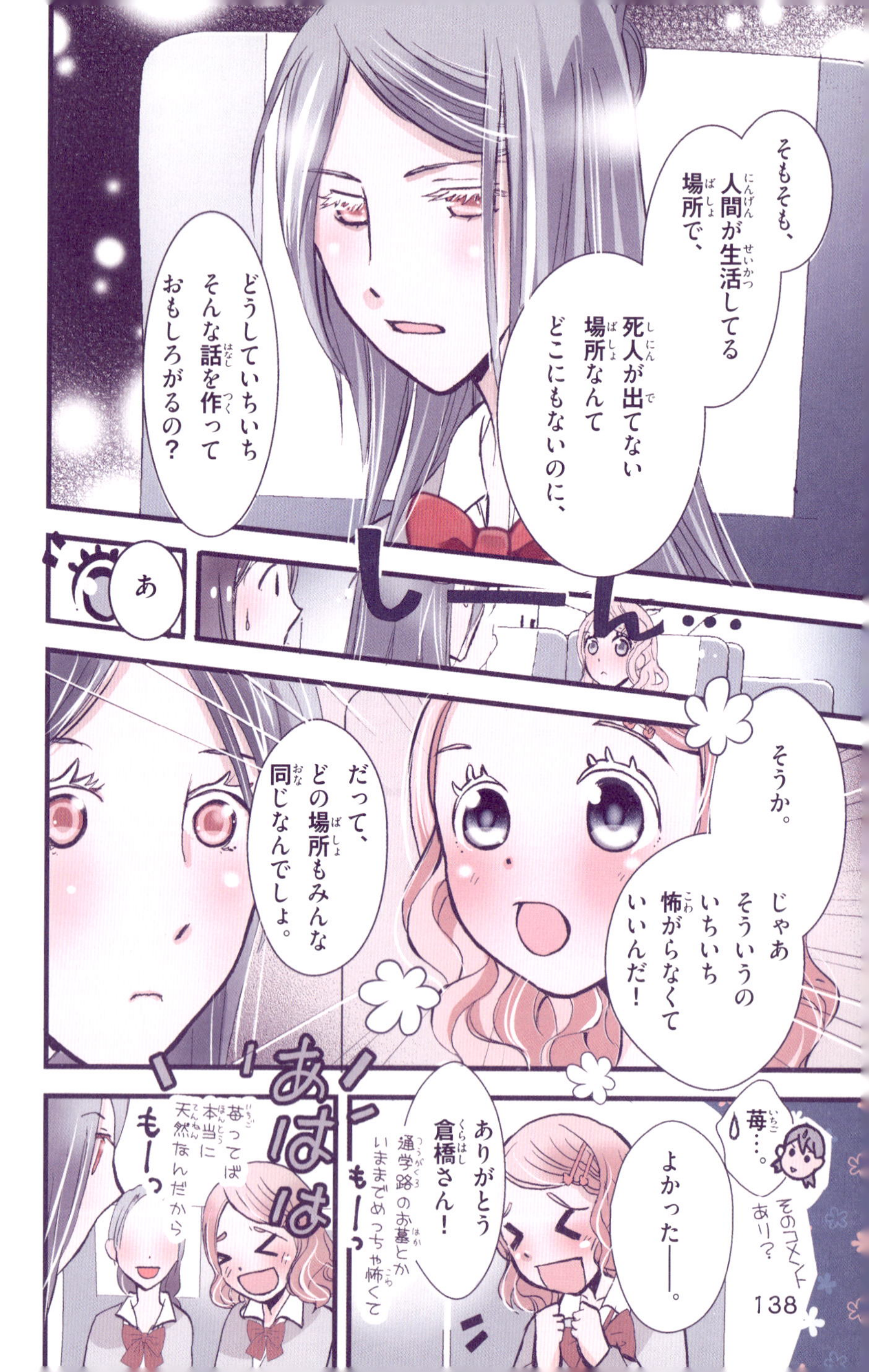
そもそも、人間が生活してる場所で、
死人が出てない場所なんてどこにもないのに、
どうしていちいちそんな話を作っておもしろがるの？
しーん…
あ
そうか。
じゃあそういうのいちいち怖がらなくていいんだ！
だって、どの場所もみんな同じなんでしょ。
苺…。
そのコメントあり？
よかったー。
ありがとう倉橋さん！
通学路のお墓とかいままでめっちゃ怖くて
もーっ
あはは
苺ってば本当に天然なんだから
もーっ

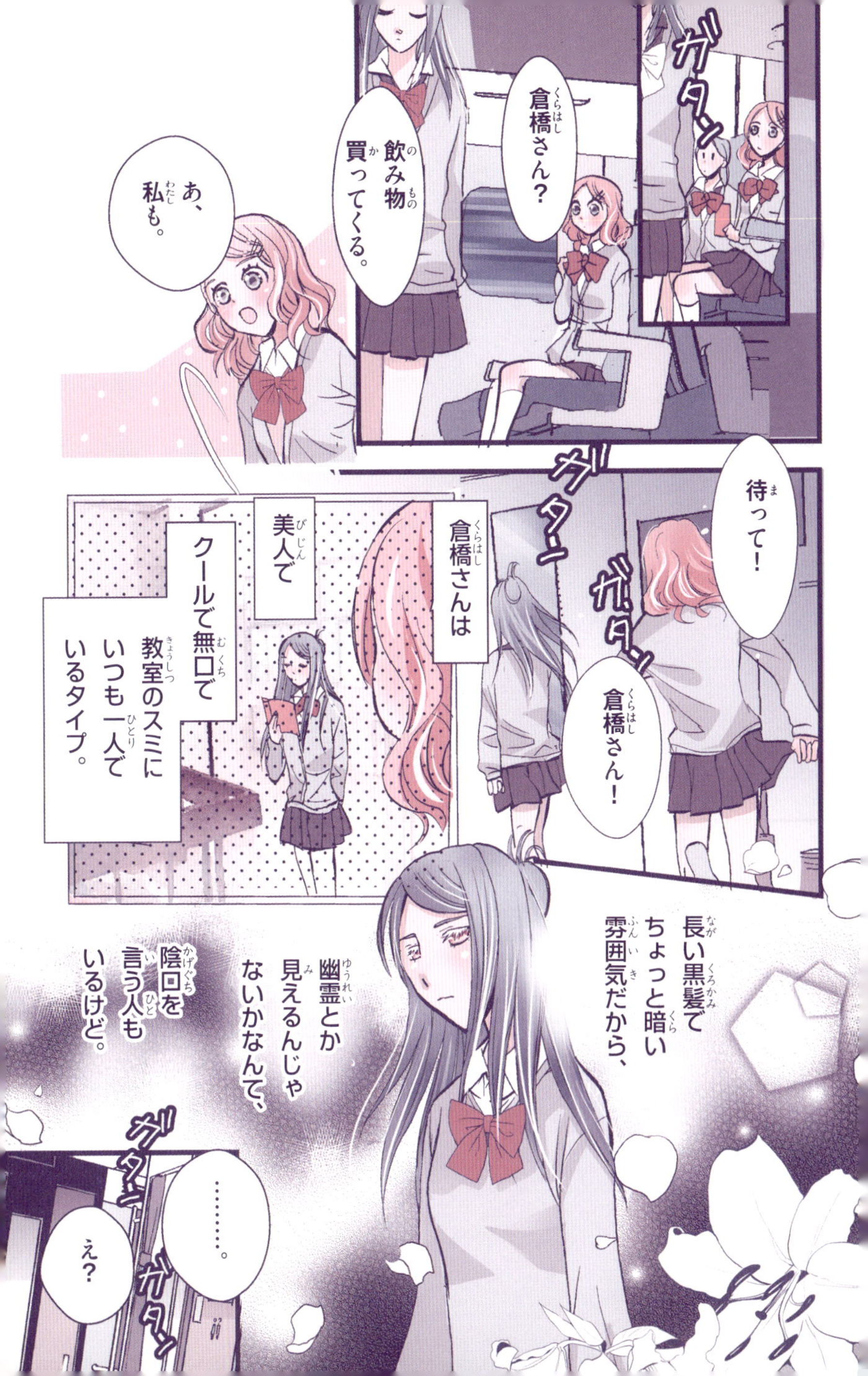
ガタン
倉橋さん？
飲み物買ってくる。
あ、私も。
ガタ
ガタッ
待って！
倉橋さん！
倉橋さんは
美人で
クールで無口で
教室のスミにいつも一人でいるタイプ。
長い黒髪でちょっと暗い雰囲気だから、
幽霊とか見えるんじゃないかなんて、
陰口を言う人もいるけど。
ガタッ
……………。
ガタン
え？

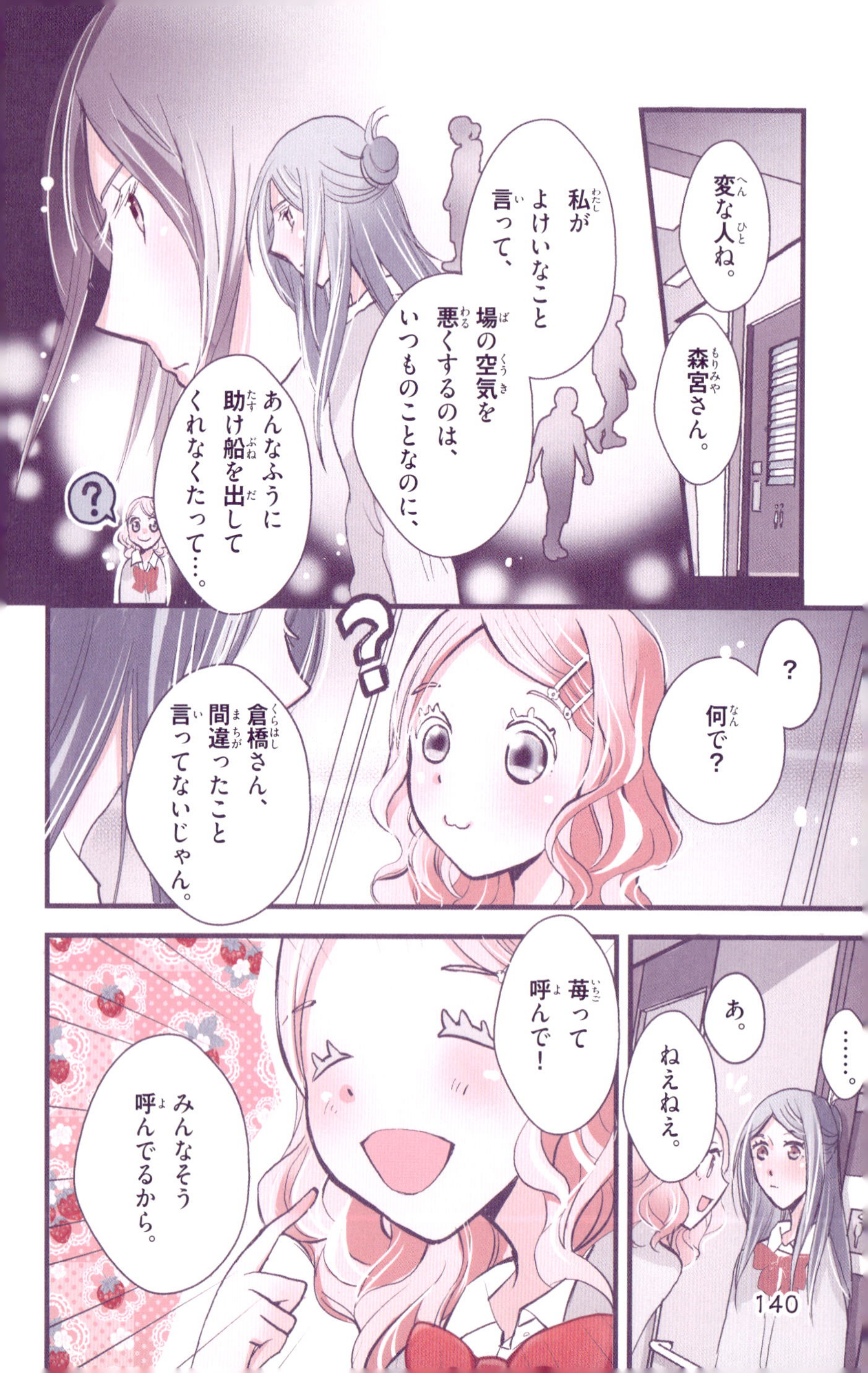

変な人ね。
森宮さん。
私がよけいなこと言って、
場の空気を悪くするのは、いつものことなのに、
あんなふうに助け船を出してくれなくたって…。
?
?
何で?
倉橋さん、間違ったこと言ってないじゃん。
……。
あ。
ねえねえ。
苺って呼んで!
みんなそう呼んでるから。

……。
倉橋さんは？
沙耶…。
よく似合って…。
へーっ。
キレイな名前。
ふっ
…。
何？
……真っ暗…
停電…？
ガタン
きゃあ！

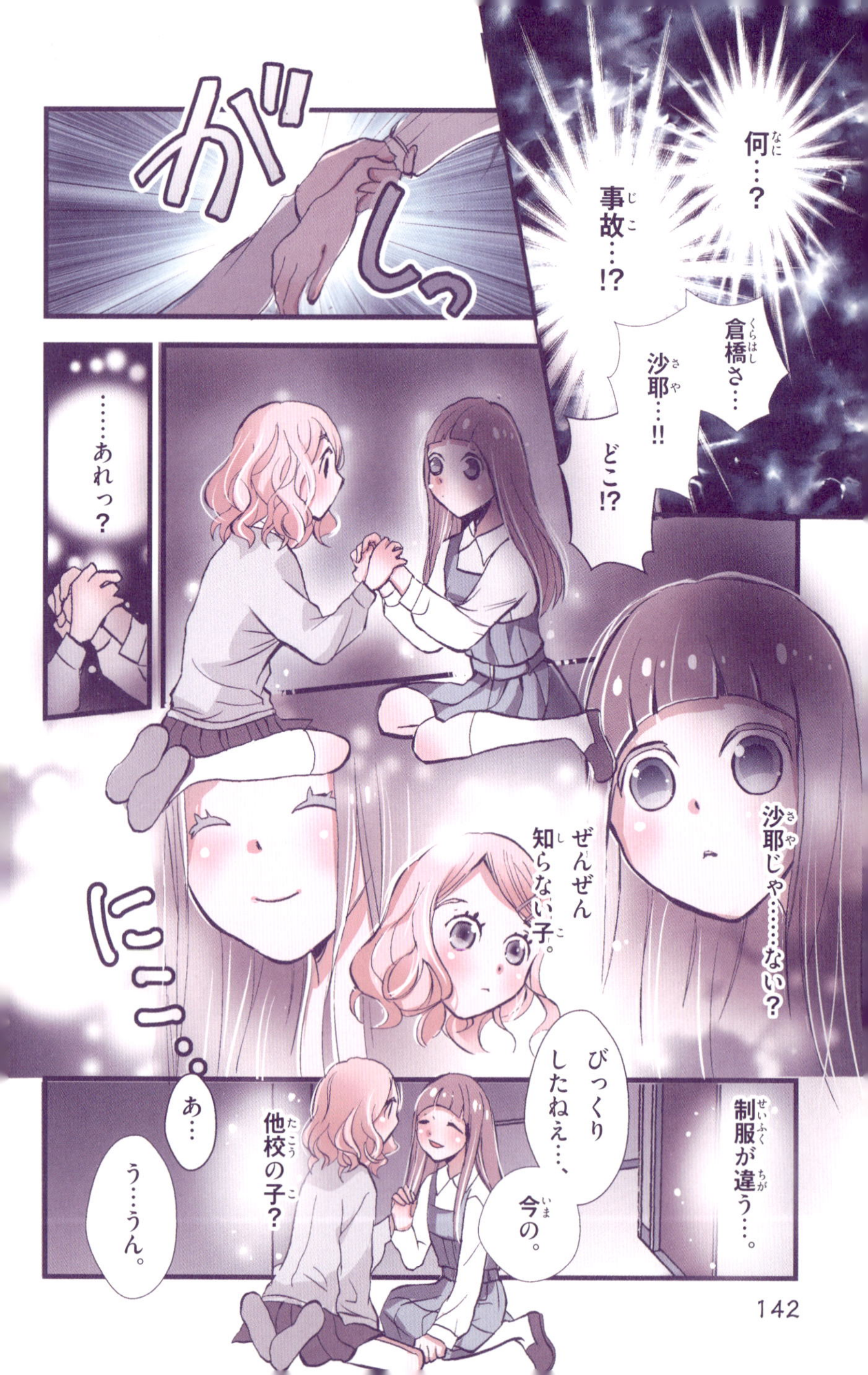
何…？
事故…!?
倉橋さ…
沙耶…!!
どこ!?
がしっ
……あれっ？
沙耶じゃ……ない？
ぜんぜん知らない子。
にこー。
制服が違う…。
びっくりしたねえ…、今の。
他校の子？
あ…
う…うん。

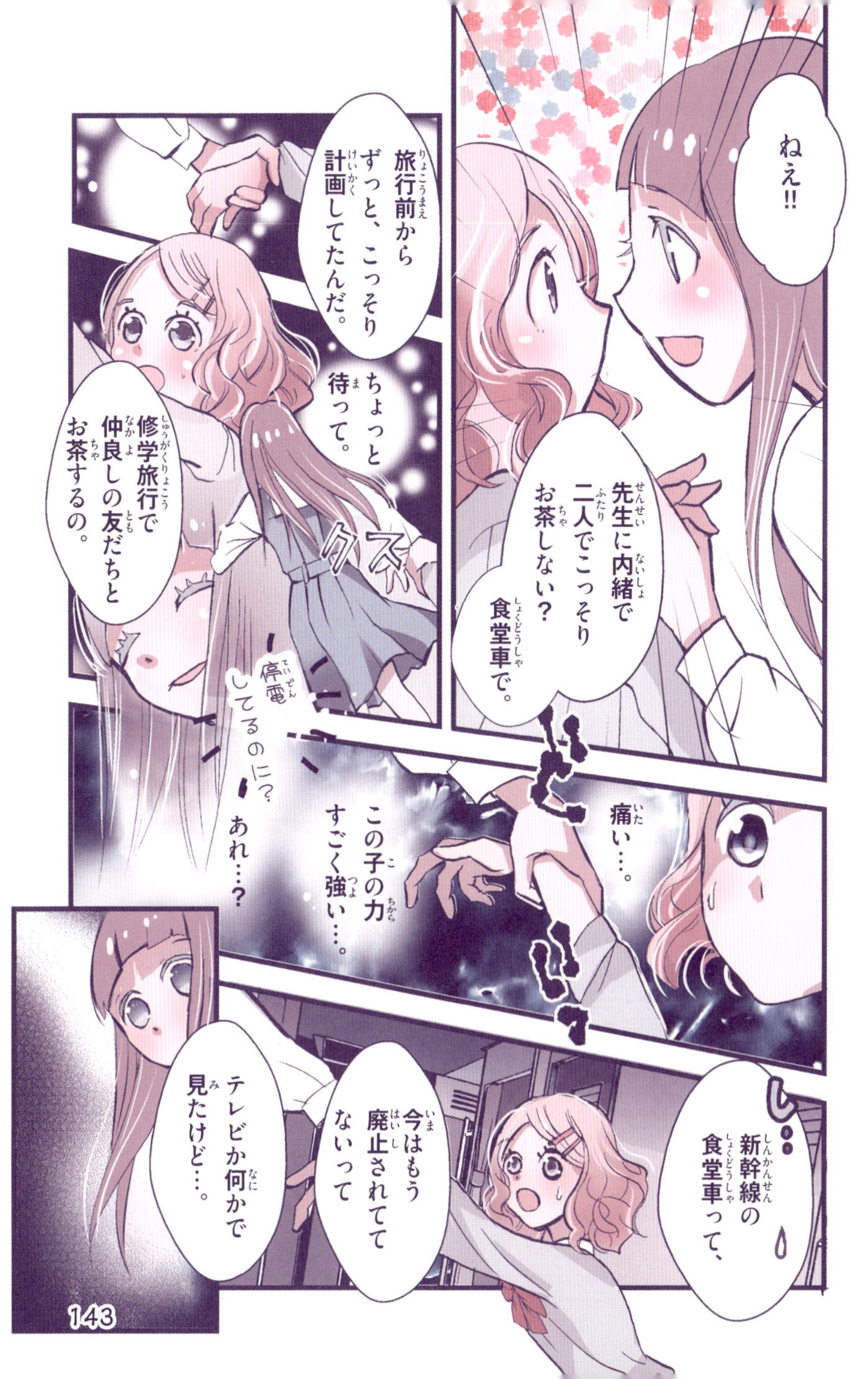
ねえ!!
先生に内緒で二人でこっそりお茶しない？食堂車で。
旅行前からずっと、こっそり計画してたんだ。
ちょっと待って。
クス
修学旅行で仲良しの友だちとお茶するの。
痛い…。
この子の力すごく強い…。
停電してるのに？
あれ…？
し…新幹線の食堂車って、
今はもう廃止されててないって
テレビか何かで見たけど…。

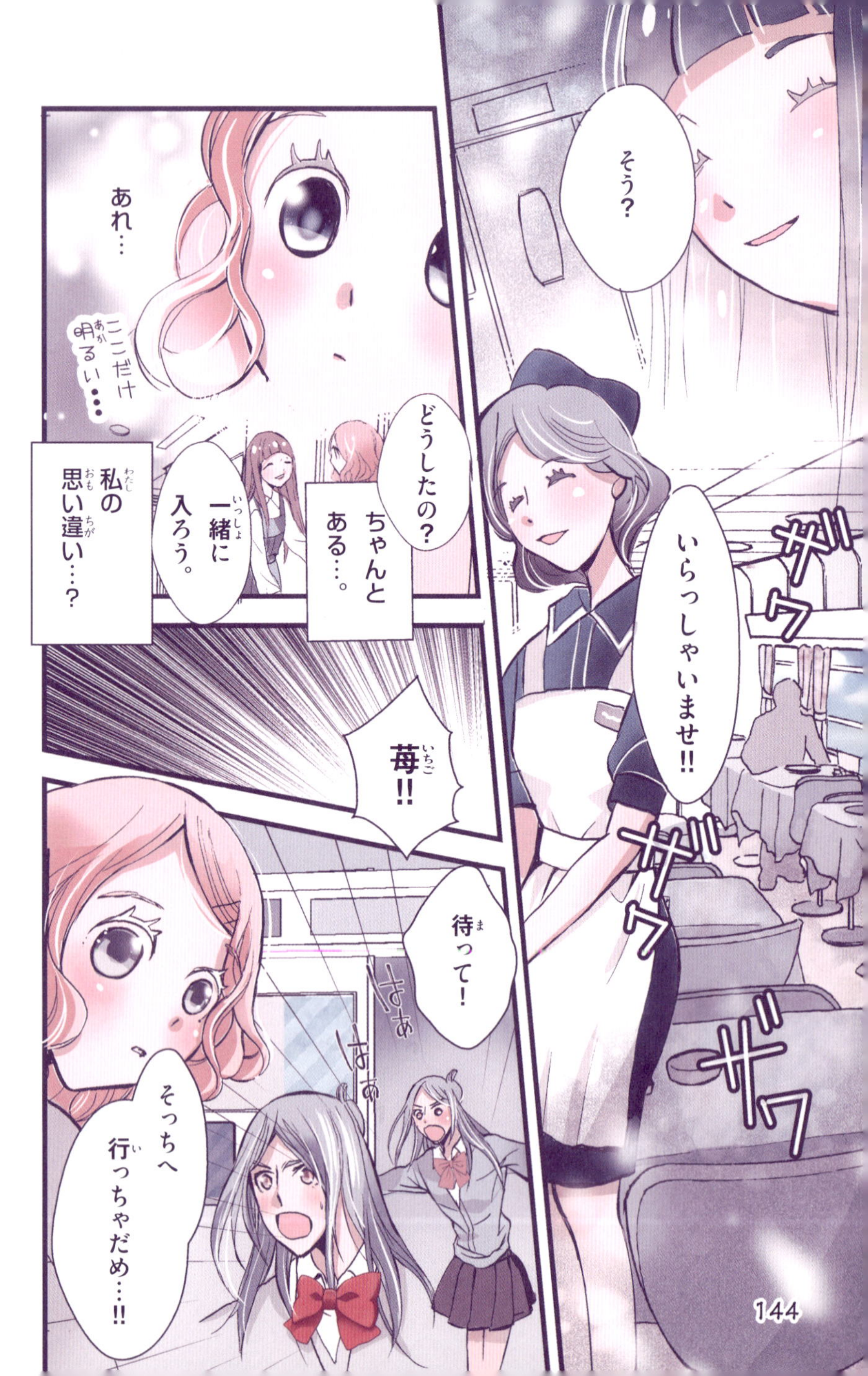
そう?
いらっしゃいませ!!
ザワ
ザワ
ザワ
どうしたの?
ちゃんとある…。
一緒に入ろう。
あれ…
ここだけ明るい…
私の思い違い…?
苺!!
待って!
はぁ
はぁ
そっちへ行っちゃだめ…!!

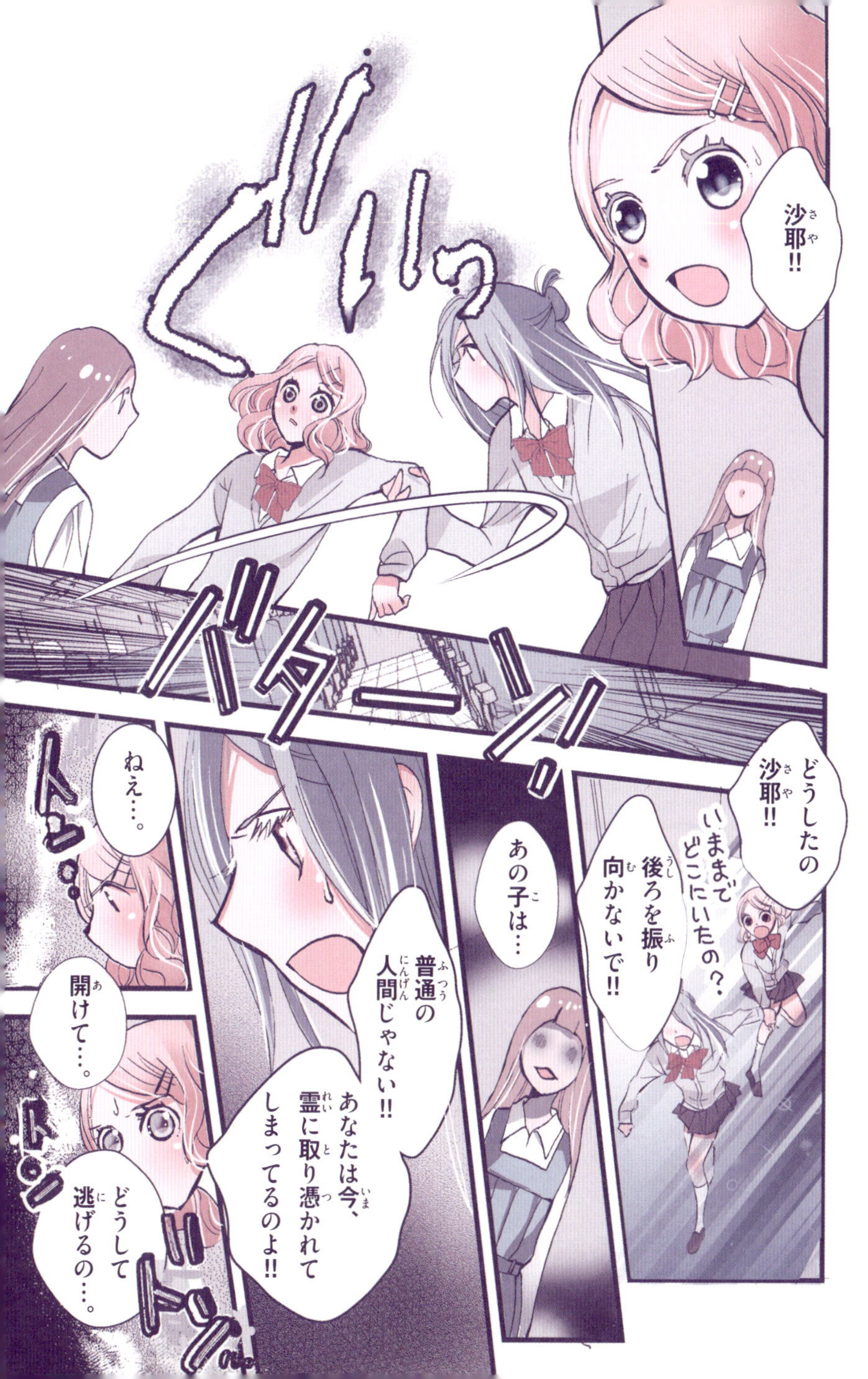
沙耶!!
ガシッ
バターン
どうしたの沙耶!!
いままでどこにいたの?
後ろを振り向かないで!!
あの子は…
普通の人間じゃない!!
あなたは今、霊に取り憑かれてしまってるのよ!!
ねえ…。
開けて…。
どうして逃げるの…。
トン
トン
トン

振り向いて見えたのは、
ねえ…。
ドアの向こうの彼女。
開けて…。
体の位置が
ねえ…。
おかしい…？
あんな高い場所に、
頭が見えるはずが…。
開けて・・・・。

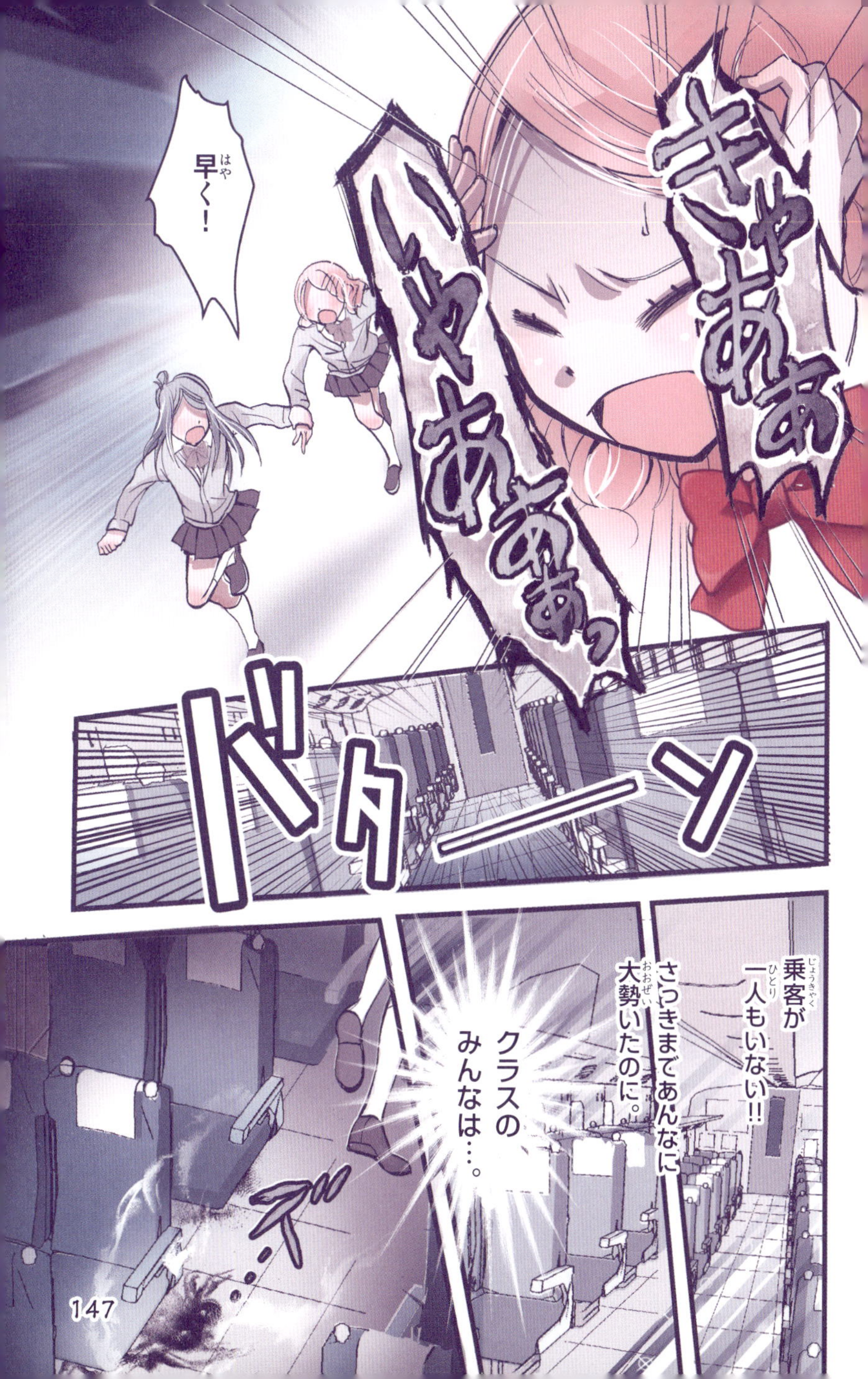
きゃあああ
いやあああっ
早く！
ドターーン
乗客が一人もいない!!
さっきまであんなに大勢いたのに。
クラスのみんなは…。
ズ…

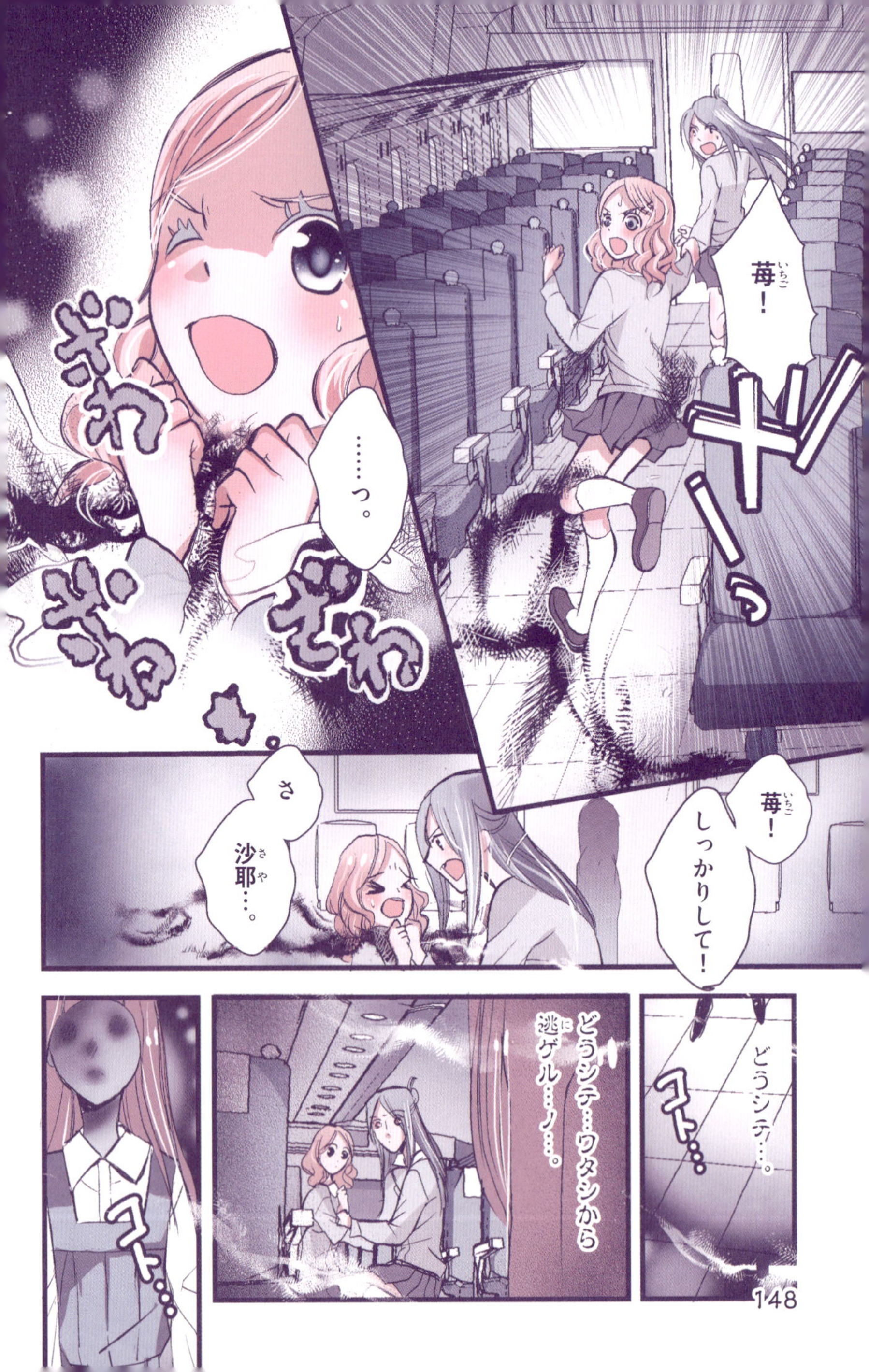
苺！
ダッ
…っ。
ざわ
ざわ
ざわ
苺！
しっかりして！
さ
沙耶…。
どうシテ…。
コト…
どうシテ…ワタシから
逃ゲル…ノ…。
コト…

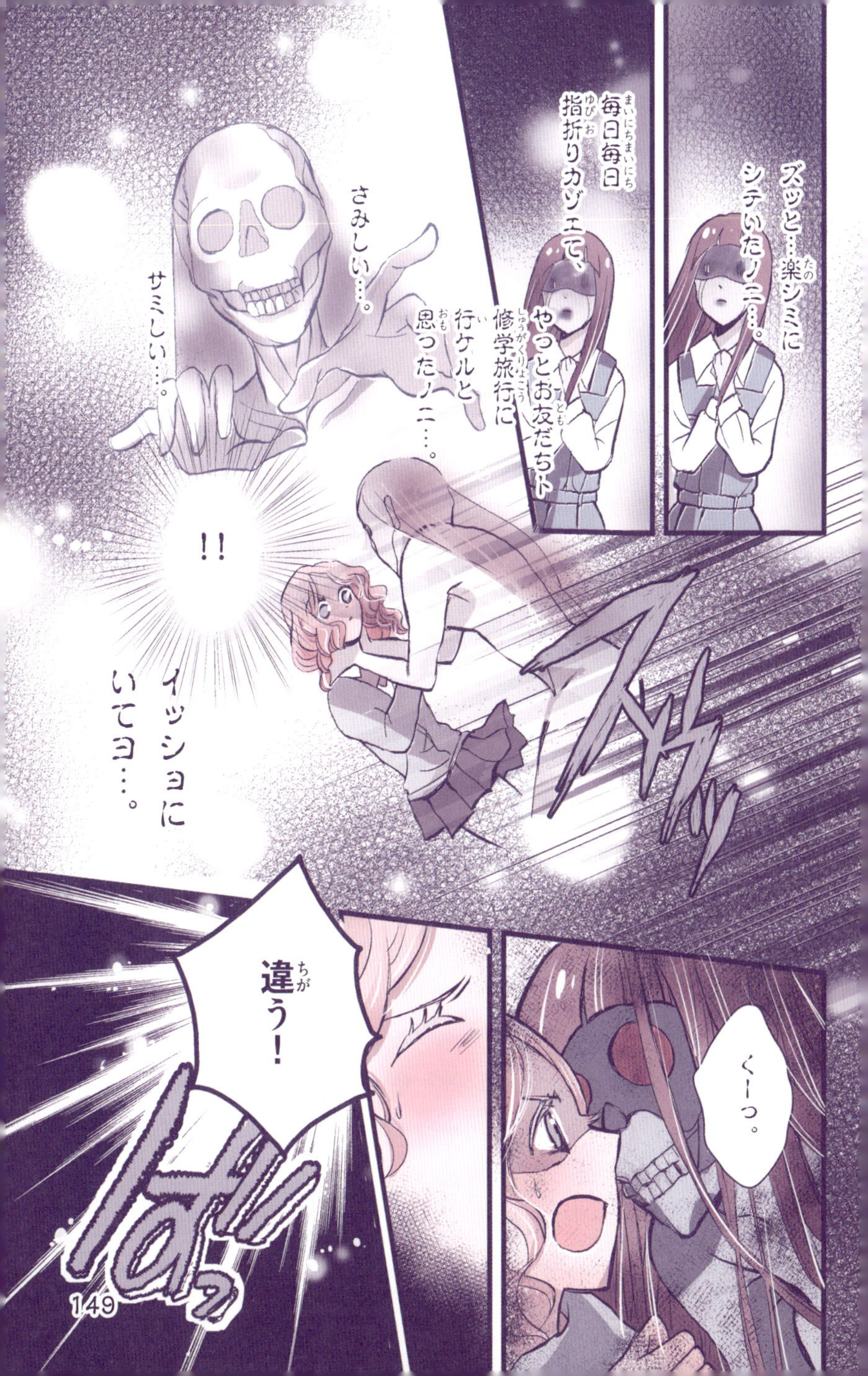
ズッと…楽シミに
シテいたノニ…。
毎日毎日
指折りカゾエて、
やっとお友だちト
修学旅行に
行ケルと
思ったノニ…。
さみしい…。
サミしい…。
!!
イッショに
いてヨ…。
くーっ。
違う!
はっ

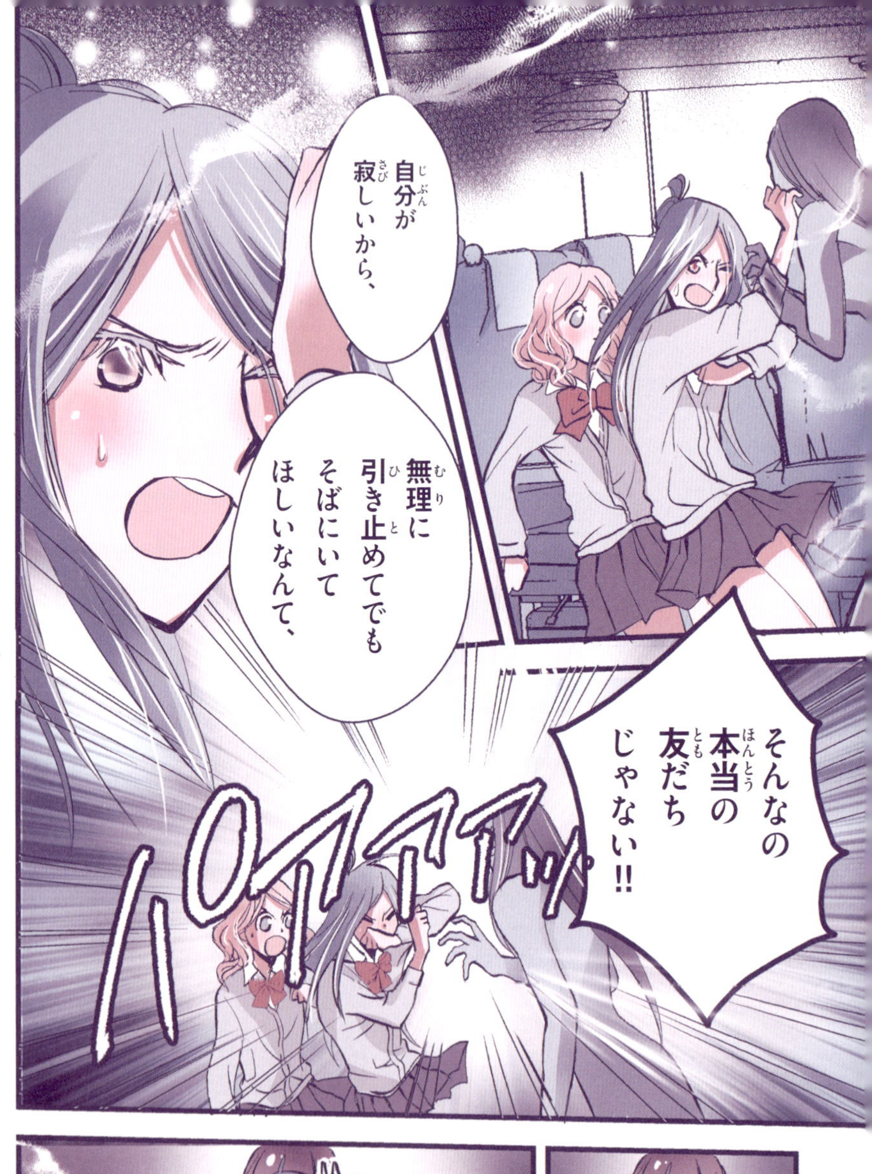
自分が寂しいから、
無理に引き止めてでもそばにいてほしいなんて、
そんなの本当の友だちじゃないい!!
パアアアアッ

サラ…

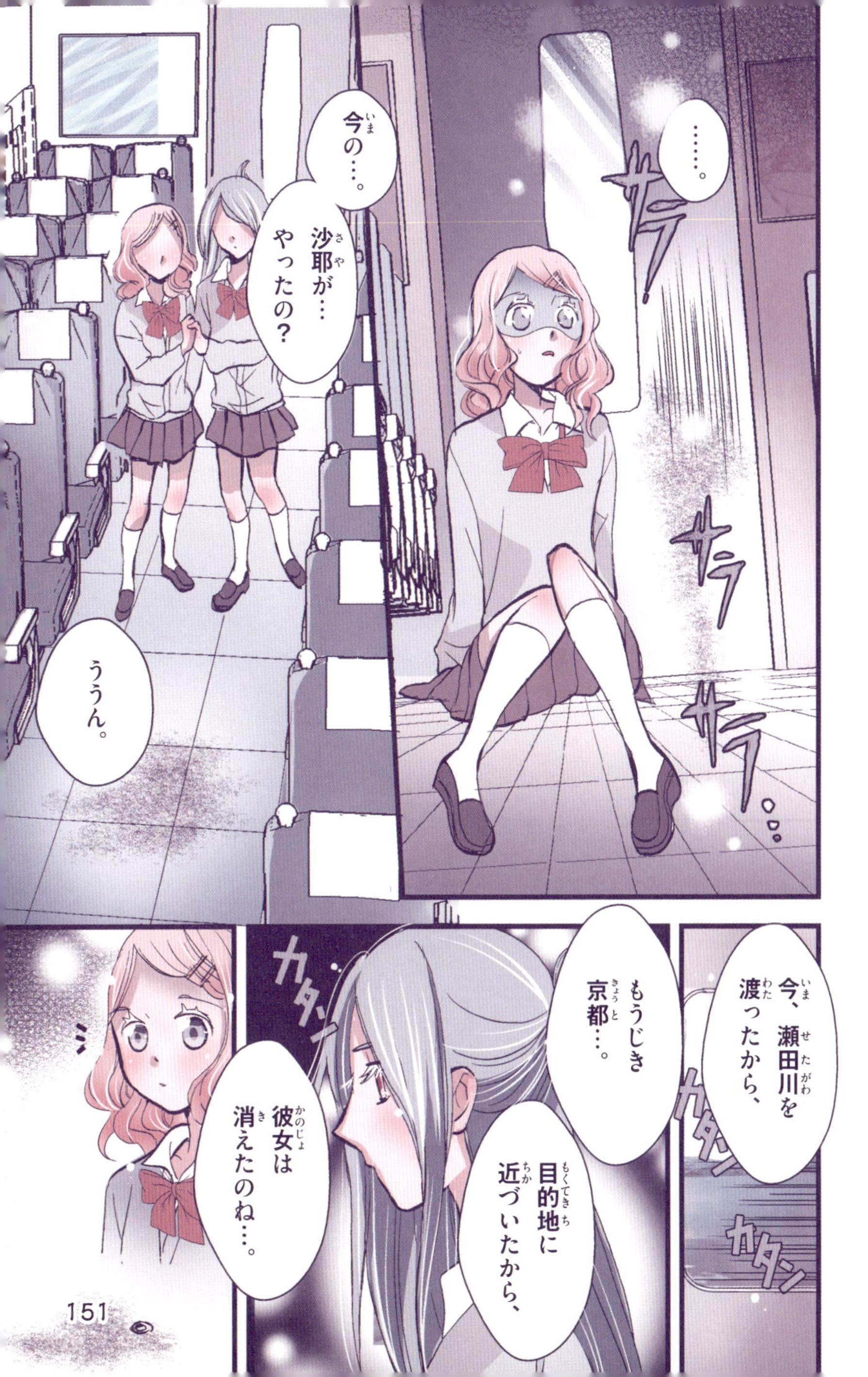
……。
サラ
サラ
サラ
今の…。
沙耶が…やったの？
ううん。
今、瀬田川を渡ったから、
もうじき京都…。
カタン
カタン
カタン
目的地に近づいたから、
彼女は消えたのね…。

これ…。
うちの学校の校章…？
そして――。
ほかの車両も普通の状態に戻っていました。
ちょっと！心配したよ！
いつまで飲みもの買いに行ってんのもー
私たちのクラスも、元通りに――。
京都
沙耶。
お寺にあの校章預けてきたの？
うん。
供養もね、
お願いしておいた。
あの子の制服…。
うちの学校の昔のデザインだったんだ。
え…。

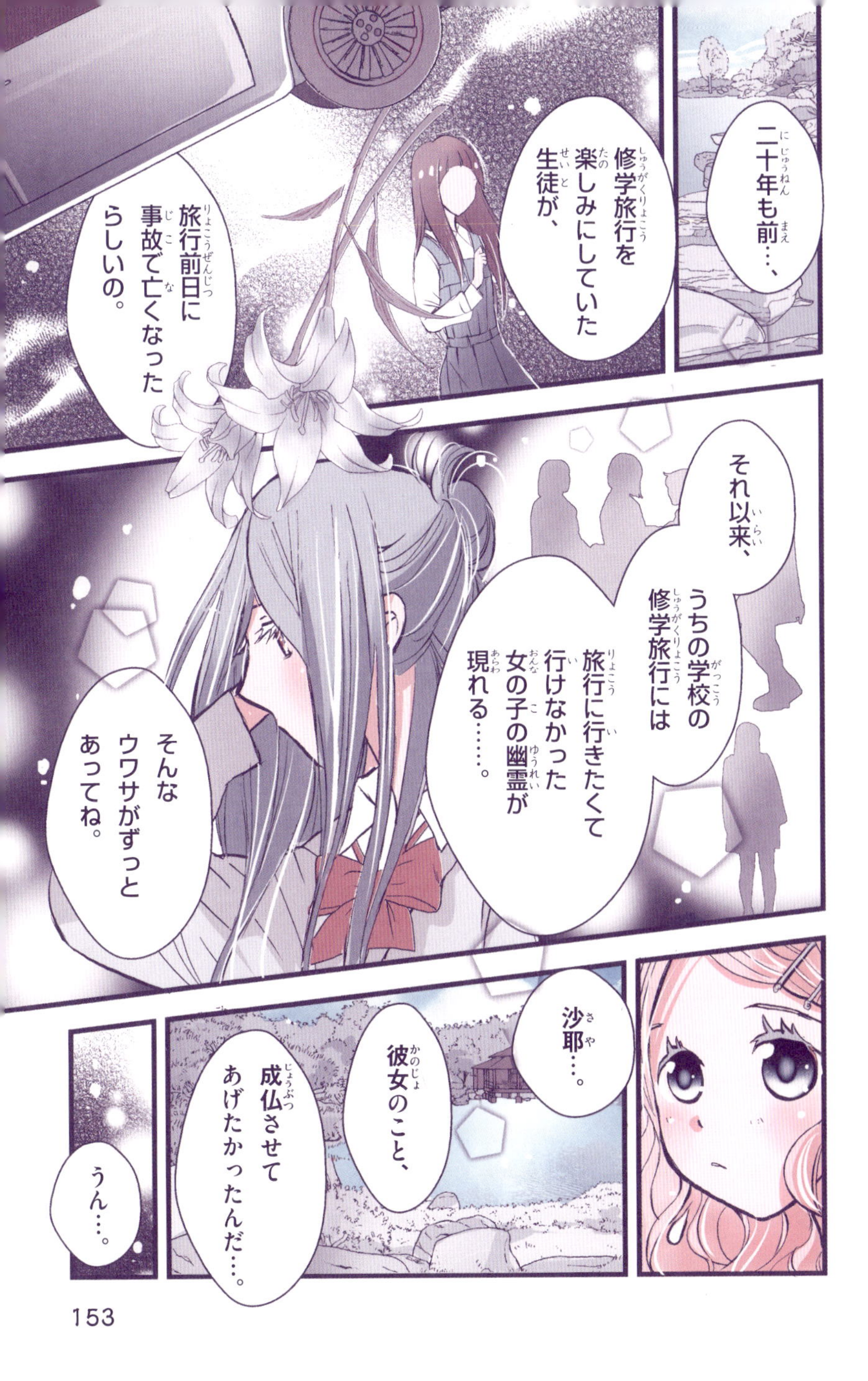
二十年も前…、
修学旅行を楽しみにしていた生徒が、
旅行前日に事故で亡くなったらしいの。
それ以来、
うちの学校の修学旅行には旅行に行きたくて行けなかった女の子の幽霊が現れる……。
そんなウワサがずっとあってね。
沙耶…。
彼女のこと、
成仏させてあげたかったんだ…。
うん…。

私、
人と違っていろいろ見えちゃうから、
せめて
何かの助けになればと思って…。
…沙耶…。
かっこいい!!
はぁっ?
「怖い」の間違いじゃないの?
ビビりなさいよべつにいいのよ
だって、かっこいいよ。すごく!!
なんかこうヒーローみたい!
もう…。
あー
苺!
早く行こうよー。
バスに集合だって!

倉橋さんも！
一緒に行こう。
沙耶。
ええ…。
それから私は、お揃いのマスコットを三つ買いました。
私と沙耶と
それから新幹線の少女の分。
あの子が私たちと一緒に旅をして想いがかなえられるように…。

課外活動でおきた恐怖体験 第5話

ノック

中学生の花奈さんには、変なクセがあります。
それは…、何でもどこでも、ノックするクセなのです。
ドア以外でも壁やガラス、とにかく目の前に何かがあると、
〝トン、トン！〟と左手でこぶしを握ってノックし、
材質によって違う音の響きを確認したくなるのです。

その日、花奈さんは、学校が主催する職業体験の一環で、
数名のクラスの子とともに介護施設を訪問していました。
施設で暮らす介護が必要な方のお世話や、

ちょっとした話し相手など、とにかくやることがいっぱいです。
あっという間に時間はすぎていきました。
「花奈さん、ちょっと一階まで行って、
予備の車いすを持ってきてもらえる？」
花奈さんは、施設の職員さんからお願いされ、
さっそく一人でエレベーターに向かいました。

花奈さんが今いるフロアは四階なので、
エレベーターが一階から上がってくるのをしばらく待ちました。
そこで、花奈さんの例のクセが出ました。
〝トン、トン！〟
エレベーターの鉄製のドアをノックし始めたのです。
少し響くような重い音が心地いいと、花奈さんは感じました。

〝チーン！〟

エレベーターが到着したベルが鳴りました。

ドアが〝スーッ〟と開くと、中には誰もいません。

中に入った花奈さんは、一階行きのボタンと閉めるボタンを押しました。

事故防止のためなのか、古いエレベーターなのか、

ドアが閉まるのも、下へ降りていくのも、異様にゆっくりです。

〝トン、トン！〟と、花奈さんはドアの内側からもノックし始めました。

ノック音はエレベーター内に静かに響きました。

〝トン、トン！〟

もう一度、花奈さんがノックしたときでした。

〝トン、トン！〟

突然、どこからともなく、ノック音が返ってきました。

『え…？』
驚く花奈さん。古いエレベーターだから、たぶん機械の作動音がしたのだろうと、気を取り直して、もう一度ノックしました。
〝トン、トン！〟

そのときでした。
「何か…ご用？」
自分以外誰もいないエレベーター内に、女性の低い声が響き渡りました。
花奈さんは恐怖で全身が固まってしまいました。
次の瞬間です。
〝ドサッ!!〟

背後で、上から何か重いものが落ちてきた音がしました。
反射的に振り向いた花奈さんの目に映ったのは、
体が複雑に折れ曲がり、まるでだんごのように丸まった
真っ赤な服の女！
「何か…ご用？」
女はめちゃくちゃに折れ曲がった両足の間から
無表情な顔をのぞかせて、そうつぶやきました…。
「…ぎ、いいやあああああああ!!!」
絶叫した花奈さんは、そこで気を失ってしまいました。

花奈さんは、それ以来、ところかまわず
ノックすることができなくなってしまったのです。

恐怖3
不思議に満ちた恐怖体験

不思議に満ちた恐怖体験

予言

中学生の梨央さんは、
夏休みに両親の故郷へ
家族で遊びに行きました。
故郷に住む祖父母は、
山の中で牧場を営んでおり、
梨央さんは、
普段見る機会の少ない
豊かな自然の風景に
興味津々でした。

「おじいちゃんたちの仕事の
邪魔するなよ。」
と、梨央さんは両親から
くぎを刺されましたが、
牛の面倒や乳しぼりなどを
おじいさんに
教えてもらいながら手伝い、
戸惑いながらも
徐々に上達していきました。

そんな梨央さんを見て、
おじいさんは、
「……ちょうど、出産間近の
牛がおるから、見てみるか。」
と言って、牛舎でひときわ大きな牛に
会わせてくれました。
「わぁー、おっきい！」
「今日か明日か、
梨央ちゃんがおる間には
産まれるやろ。」
おじいさんは、
やさしい笑みを浮かべながら
そう話してくれました。

次の日の明け方でした。
何やら家が騒がしくて、
眠っていた梨央さんは
その音で目を覚ましました。
どうやら、前日に見た
ひときわ大きな牛から、
子牛が産まれるようです。
「私も行く！　いいでしょ？」
「ああ、ええよ。ついといで。」
梨央さんは牛舎へ向かう
おばあさんの後を追いました。

牛舎に着くと、

おじいさんと両親が
なぜか牛の前で棒立ちに
なっているのが見えました。
「産まれたの!?」
梨央さんがそう声をかけると、
いつも温和なおじいさんが
ものすごい剣幕で
「来るな！
見たらあかん!!」
そう叫びました。
おばあさんは、
その言葉で何かに気づいたように、

急に梨央さんの手を引いて
牛舎から出ようとしました。

「何!? どうしたの!?」

「ええから!!」

梨央さんは、おばあさんに
手を引っ張られて
牛舎から離されました。

そのとき、梨央さんが目の端に
ちらっと見たのは、
前脚と頭の先を出して、
今まさに産まれようとしている
子牛でした。

でも、その光景には
妙な違和感がありました。
何か、見てはいけない
もののような感覚…。

「梨央ちゃん!
おばあちゃんたちが戻るまで
絶対に部屋から出たらあかんで!」

おばあさんはそう言って、
またあわてて出ていきましたが、
無理やりに母屋に
引き戻された梨央さんは、
どうも納得がいきません。

「……何だろう。

……何があるって言うの？」

日が暮れる頃になって、
やっと祖父母たちが
そろって戻ってきました。
梨央さんの前に座るなり、
おじいさんが
真剣な表情で言いました。
「梨央ちゃん、悪いけどな、
すぐ帰る用意してくれるか。
下の街まで送るから。」
「え？　どういうこと!?」
梨央さんはさすがに驚いて

理由を聞きましたが、
何度聞いてもおじいさんは
理由を話してくれません。
ただ一言、おじいさんは
言いました。

「……お前を巻きこむ
わけにはいかんのや。」

梨央さんはまったくわけが
わからないまま、
しぶしぶ帰り支度を始めました。
『あーあ……。せっかく来たのに、

何なのよ！』
梨央さんはそう思いながら、
何気なく外を眺めました。

部屋の外に見える牛舎の前に、
一頭の牛がいました。
とても小さな牛です。
『…あれ？　もしかして
朝、産まれた子牛？』
そのまま見ていると、
牛がいきなりうなりました。
でもその声は、どう聞いても
牛の鳴き声には聞こえません。

『え？　いったい何？』
牛はまるで、踊るように歩いて
うなり続けているのです。
目を離せずにいると、
牛が梨央さんのほうに頭を向けました。
その牛は、
首から上が、
人間の女の頭になった
牛でした。
牛の体に、人間の頭……。
信じられない光景に、
梨央さんは呆然と立ちつくして

しまいました。

「……ば…ばけもの……!?」

すると牛の元に、おじいさんと

おばあさんが走ってきて、

牛を捕まえながら

梨央さんに叫びました。

「見たのか!

見たのかーっ!!

こいつをーっ!!」

頭が人間の牛を

おじいさんたちがどこかに

連れていくまで、

梨央さんは部屋の窓から

じっと見ていました。

両親と梨央さんは、

おじいさんが運転するワゴン車で

牧場を出発しました。

おじいさんは無言のまま

運転しています。

しばらく山道を下った頃、

梨央さんが恐る恐る、

「…さっきの…あれ、あれって…?」

と尋ねようとすると、さえぎるように、

おじいさんが言いました。

「あのな、梨央ちゃん。

あれのことは忘れたほうが
ええんやけどな。
どうしても知りたいか？
覚悟あるのか？」
梨央さんはうなずきました。
恐ろしいものを見た恐怖よりも、
好奇心が勝ってしまったのです。

「……あれはな、〝件〟や。
にんべん（部首）に牛と書いて
〝くだん〟と読むんや。
世の中に何か大きいことが
おこるときに産まれて、
予言を言い残して死ぬんや。」
梨央さんはポカンとしたまま
聞いていました。
「その予言は確実に当たるんや。
おじいちゃんたちは、
それを全部聞かんとあかん。
でもな、それだけやないんや。」

おじいちゃんは車を止めて、
梨央さんを見つめました。
「梨央ちゃん、あれ見たやろ。
梨央ちゃんぐらいの歳の子が見たら、
いつかあれを産むかもしれんのや。」

「……？
産むって、人間があの〝件〟を
出産するってこと？」
「…そうや。
ここらへんに住んでる人たちはな、
昔からそれをみんなで
押しつけあいして、
牧場をやめたんや…。
怖くて牛を飼わんのや。」
梨央さんはおじいさんの話が
理解しがたく、
何とも言えない恐怖が襲ってきて、
窓の外へ視線をそらしました。

昔ながらの古びた家が、
道沿いに建っています。
どの家の窓にも、
梨央さんたちを見つめているような
人影が立ってました。
まるで人の不幸に群がる
野次馬のように……。
『……私が、
押しつけられたんだ……。』
梨央さんはなぜだかそう思いました。

その後のことは、
よく覚えていません。

家に帰ってからも、
両親は普段と変わりません。
むしろ、おじいさんの
あのときの話は
避けているようでした。
その空気を悟って、
梨央さんも気にしないように、
忘れたようにすごしていました。

梨央さんは、ふと考えました。
おじいさんが話してくれた、
あのときの〝件〟は
何を予言したのだろう？

おじいさんたちは、
何を聞いたのだろう？
いくつか気になることがありました。
おじいさんたちが
あれからすぐに牧場をやめて、
下の街に引っ越したこと……。
引っ越してすぐに
大きな台風が来て、
大雨で山崩れがおきて、
おじいさんの牧場だけでなく
あの山の集落のほとんどが
大きな被害を受け、
大勢の人が亡くなったこと……。

おじいさんたちが引っ越したのは、
あの山崩れがおきることを
知っていたから？
あれからずっと、
その夏の話は禁句のようになって、
両親に聞くこともできません。
『……私は将来、
おじいちゃんの言うように、
〝件〟を産むのかな…？』
梨央さんがいろいろ調べてみると、
一つわかったことがありました。
〝件〟は伝説の生きもので、いろいろな
言い伝えがありました。その中に
《雄は必ず当たる予言をし、
雌はその予言の回避方法を
教えてくれる……。》
そんな話を見つけたのです。
梨央さんは、あの雌の〝件〟が、
おじいさんたちに災害を回避する方法を
教えてくれたのだと思いました。

※「次元回廊」は、「本当に怖い話MAX∞ 悪霊君臨」から続いています。

恐怖3

不思議に満ちた恐怖体験 第2話

連載恐怖まんが

次元回廊〈第3章〉（前編）

沖野れん

私（牧村沙苗）は商店街の写真を撮ったことがきっかけで、「次元回廊」が開き別世界へ飛ばされてしまった。

こちらの世界の彼氏だという直斗くんとデートに出かけるも、まったく話が合わず困っていたところ…、

唯一、元の世界と変わっていなかった結子に偶然出会う。

元に戻れる方法を調べていたという結子に促され、三人で商店街の写真を撮ってみることに…。

すると、私と直斗くんの写真だけズレたように写り、二人は別世界へ……!!

そこは、うす暗く気味の悪い川辺だった…。
これは…川…？
何で…？
これが…、さっき結子ちゃんの言ってた次元回廊ってやつなのか……？
いったい、どうすれば戻れるんだ!?
直斗くん、とりあえず歩いてみよう。
どこかに出口があるかも…。
あ…ああ…。
ザッ
ザッ

ザッ
本当なんだな。
ザッ

えっ!?

次元回廊は本当に存在して、
本当に沙苗はそこから来た別の人なんだな…。

直斗くん…ショック受けてる。
そりゃそうだよね。いきなりこんなことになって…。

でも、だとしたら元々いた沙苗はどこ行っちゃったんだ?

あ……、確かに。

私がここに来たことで、消えてしまったとか…？
もしくは、同じようにどこかへ飛ばされてしまったとか……。
………。

ザッ
ザッ…

あっ、直斗くん見て!!
!?

前から誰か来る!!
ザッ
ザッ…

はぁ…
はぁ…
フラ…
フラ…

ええっ!?
沙苗!?
?
は…?
何…あれ…。
ええっ!?
どういうこと!?
!?

直斗!!

直斗…!!
よかった。
直斗に会えて…!!
がばっ

学校から帰る途中、
めまいがしたと思ったら
いきなりこんな
ところに…。
何でこんなことに
なったか、
わけわかんないよ。

この人……、
もしかして…。

沙苗…。
おれの知ってる
元々いた
沙苗だ…!

やっぱり。
あの…。

キッ
何なのあんた!?
何で私と同じ顔なの!?
あの…私は…。
何で直斗と一緒にいるのよ!!
ドンッ
説明してよ!!
カッ
うわあ!!
何!?
まぶしい!!

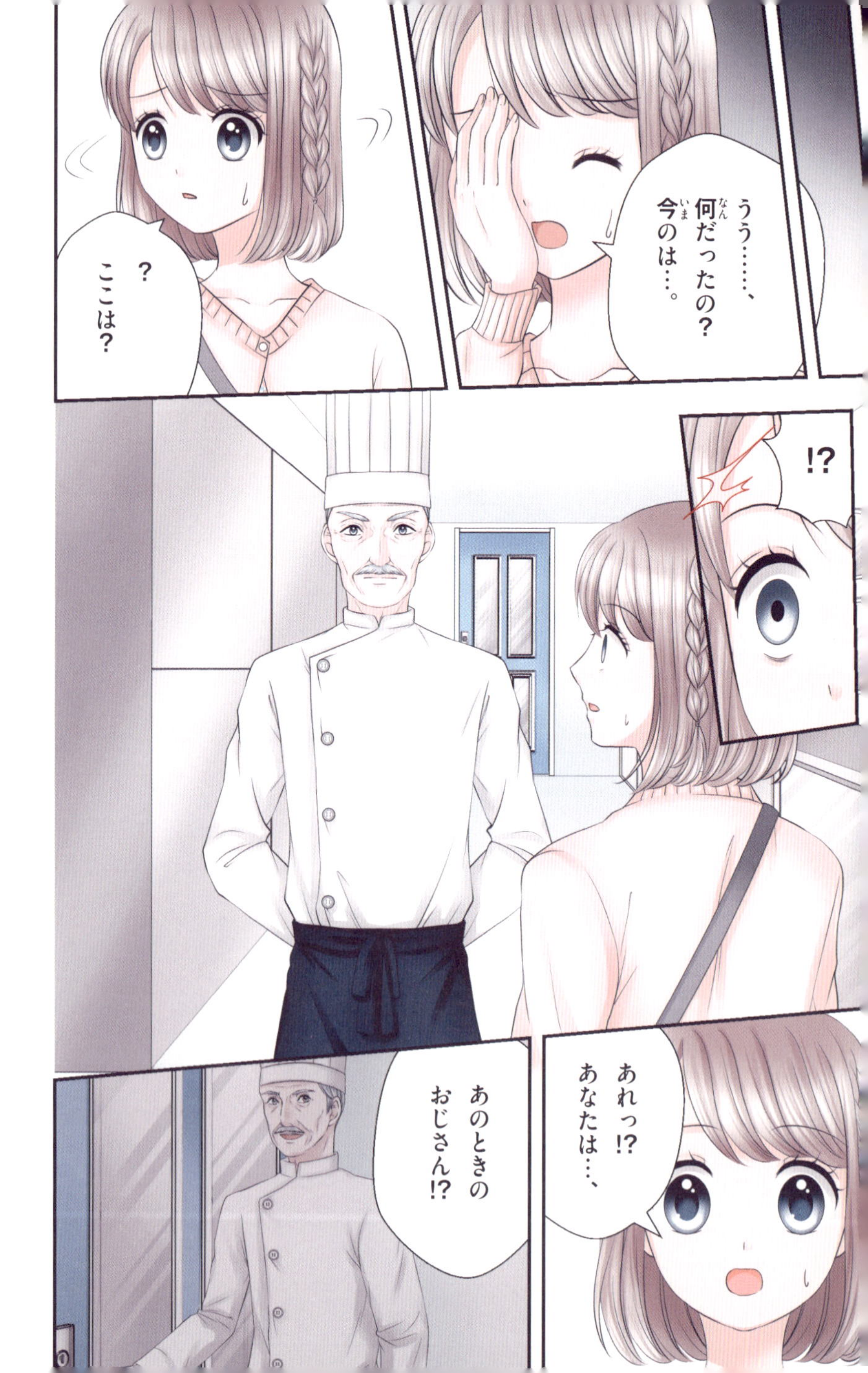
うう……、何だったの？今のは…。
？ ここは？
!?
あれっ!? あなたは…、
あのときのおじさん!?

※次ページの「次元回廊」〈第３章〉（後編）に続きます。

恐怖3
不思議に満ちた恐怖体験
第3話
連載
恐怖まんが
次元回廊〈第3章〉
（後編）
沖野れん
きみが帰ろうとしたときに、

別次元でも同じ場所…商店街かな？
そこにその子が偶然通りかかったんだ。
違う次元の同じ場所に同じ人物が集まってしまったために、
次元回廊の扉が入り組んで開いてしまったんだろう。

はあ!? 何なのそれ、わけわかんない!!

それで、どうしたら今度こそ元に戻れるんですか!?

さて、こんなふうに入り組んでしまったらな…。

ああ、そうそう。さっききみらがいた場所だが…、

あそこはいわば次元回廊の次元と次元のはざまなんだよ。
何かのきっかけがあれば、あそこからまた別の次元へ飛べるかもしれんが…。
ああ、そこでさっきみたいに…。

きみたち同士で触れ合ってみたら……。
何かおきるかもしれんね。
やってみるかい？ドアを開けたらさっきの川だよ。
………。
やるわ!!
何が何だかわからないけど、絶対に元に戻ってやる!!

直斗！行こう。
えっ、ちょっと…。
あっ…、待って!!

きゃあ!!
えっ!?
ドボンッ
うわっ!!
沙苗!!大丈夫か!?
ざばっ
ぷはっ。
はあっ…。
ええっ、何これ。いきなり川なの!?

ああっ…二人がどんどん行っちゃう。
私も行かなきゃ。
タン
ドボーンッ
ぷはっ。
はあ…すごい川の流れ…。

ざぶ
ざぶ
はあ…
待って…
二人とも。
ざばあっ
!?
きゃあ!!
ざばんっ

ごぼっ
やばい…
このままじゃ
おぼれる…。
待って……
直斗くん……
もう一人の私……。
もう少し…。

カッ

し————ん….

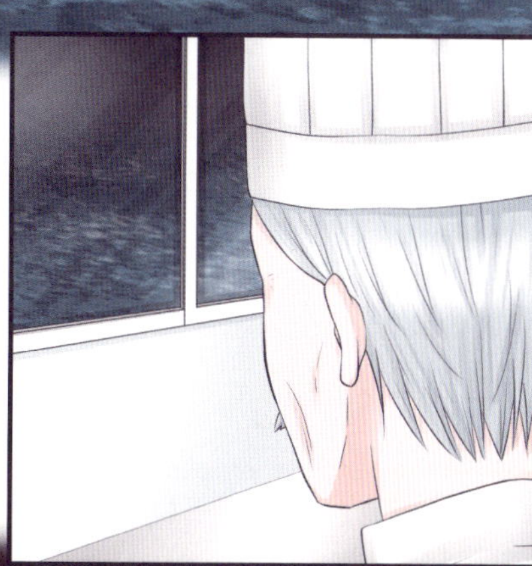

24Mart
はっ
ここは？
もしかして商店街!?
戻れたの!?
私が元いた世界にやっと……。
沙苗!!

沙苗……。
直斗…くん…？

直斗くんがいるってことは…。
まさか…。
24Mart

それから数か月後…。
立花商店街
GAME
カシャ

沙苗!!
どう?撮れた?
ううん、今日もダメ。
そっか…、私もダメ。
おれも。
あれから毎日商店街の写真を撮ってるけど…、
次元回廊開かないね…。

あの町から私は結局…
元には戻れなかった。
商店街の風景がズレた写真は撮れなくて、
次元回廊は開かない。
あれからずっと、この知らない世界で暮らし続けてる。
沙苗、こっちの生活には慣れてきた？
うん、何とかね。
知らない両親もようやく話せるようになってきたよ。

昔話になっちゃうと困るんだけどね。全然わからないから。

おれたちの知ってる沙苗の昔話は、全部教えただろ。

うん…、ありがと。
でも、ときどき思い出すよ。本当のお父さん、お母さんのこと。それがね、やっぱり寂しいんだ…。
でも今は、ここでがんばっていくしかないよね。

沙苗…。
結子と直斗くんがいてくれるから大丈夫。きっと、これからもがんばれるよ。
それにしても…こっちに元々いた沙苗は、いったいどこに行っちゃったんだろうね。
うん、私もそれ気になってる。
想像だけど、向こうは私が元々いた世界のほうにいるんじゃないかな？
お互い入れ替わってるような状態ってこと？
もし本当にそうだとしたら、向こうは私以上に混乱してるかもしれないな…。
私が写真を撮ったせいで、わけもわからず突然巻きこまれてしまったと思うから……。

もう一人の私も向こうでうまくやってくれてるといいんだけど…。
………。
元々いた沙苗が…。
初めは元の沙苗が戻ってこなくてショックだったけど、でも今の沙苗がすごくおだやかでやさしいから、
前よりも一緒にいるのが楽しい気がする。

ずっと、このままでいいかもなんて思ってしまうのは、
やっぱりよくないかな…。
ぎくっ
直斗くんも本当は元の私とつきあいたいよね。
えっ…。

おれは…、
今の沙苗も好きだよ。
えっ！
本当！
うん、本当に。
かーーっ…
あ…、ありがとう。
ちょっとー、何人前でいちゃついてるのよーー！
えっ!?いや…。
そんなつもりは…。

ふふっ。冗談だよ。
二人はうまくいってるみたいで安心したよ。
最初は二人ともショックでぎこちなかったのにね…。
それじゃ、私はこのへんで…。
えっ、結子もう帰っちゃうの？
せっかく休日なんだから、二人でデート楽しみなよ。
また、学校でね。
結子…、ありがとう！またね。
ありがとう結子ちゃん。
さて、結子ちゃんも気を遣ってくれたことだし、
沙苗、この後行きたいとこある？
えっ、えーっと…。

暑いから、アイス食べに行かない？
いいね、それ！行こうか。
商店街抜けて…。

薬

こんなお母さん、知らないよ!!
沙苗…、どうしちゃったの。
どうしてそんなこと言うの?
あのとき私は結局…、
元には戻れなかった。
直斗…、何で直斗がいないの…!?
知らない家、知らない両親、
そして、直斗のいない世界…。

誰に何を話しても信じてもらえず…、
両親に無理やり精神科へ連れていかれる日々…。
○○メンタルクリニック
唯一、変わってなかった結子だけは信じてくれたけど…。
その結子も「沙苗が別人になったみたいで怖い。」と言って、あまり近づいてこなくなってしまった。
突然、どうしてこんなことになったのか…何もわからない。
いや!!放してよ。
沙苗、いいから来なさい!

沙苗…大丈夫だよ。
ほんの少しがんばって治療すれば必ず治るから。
私はおかしくない！
精神病院に入院なんて絶対いや！
ガシャン…！
ちょっと、出してよ。ここから!!
ガシャッ
ガシャッ
私はおかしくないって言ってるでしょ！

お願い信じてよ!!
誰か…。
ガシャン
戻してよ。
私を……、
ガシャン
私が元いた
世界に……。
ガシャン
私がいた世界に
帰してよ……!!

不思議に満ちた恐怖体験 第4話
水の妖精

高校二年生の菜緒さんが、
中学時代の先輩で
今は違う高校に通う葉月さんと
電話で話していたときのことです。

「菜緒さぁ。
不思議な話とか好きだったよね？」

唐突に葉月さんが、
菜緒さんに尋ねてきました。

「ええ？　ああ、そうですけど……。
先輩よくそんなこと覚えてますね。」

「うちのおばあちゃんがさ、
水の妖精を見たって言うんだけど、
……信じる？」

「水の妖精……？」

信じるかどうかより、不思議なことが
大好きな菜緒さんにとって
ぜひとも詳しく知りたい話でした。

「私が今電話で話すより、

おばあちゃんの話を録音したから
聞きにおいでよ。」
さっそく菜緒さんは、
葉月さんの家へ行くことにしました。

葉月さんのおばあさんは、
離れた地方で一人暮らしをしています。
先日、家族で久々に泊まりに行ったとき、
葉月さんが話を聞いてきたのです。
「はい、じゃあ始めるよ。」
葉月さんは、スマホの再生ボタンを
押しました。
おばあさんの声が流れてきました。

★★★★★

私はね、いつも水を使うときには、
感謝の気持ちを伝えているの。
お風呂に入るときも
「いつもどうもありがとうございます。」
と言って、入ってるのよ。
ある日ね、いつものように
お風呂に入ると、中に何かが
いっぱいいるのが見えたの。
羽がついている小さな人間の
形をしたもの。
髪の毛の色や肌の色はまちまちで、
そういうのがそこら中に飛んでたり、

座ったりしているの。
そう…妖精よね。
『不思議だな。』と、思ったけど、
別に怖いとは感じなかったので、
「ちょっとごめんなさいね。」
と言って、湯船に浸かったの。
それからはお風呂に入るたび、
毎日その小さな妖精がそこにいるの。
しばらくすると、
妖精たちの話していることが
だんだん聞こえるようになってきたわ。
「このおばちゃん、
私たちのことがわかるみたい。」

「どうして？」
「だって、いつもありがとうとか、
ごめんなさいって言うじゃない。」

私は、もしかしたら妖精たちと
話をすることができるかと思って、
声をかけてみたの。
すると、その中の一人がすーっと、
近づいてきて、目の前に腰かけたの。
私はうれしくなって、
「あの、何かお話してくれませんか？」
と、声をかけたわ。すると
「どんな話がいいの？」

って、聞いてきたの。私は
「何でもいいですよ。知ってることを
話してもらえませんか？」
と言ったわ。そしたらその妖精は、
「…そうねえ。じゃあ、私たちが
昔いた国のお話をしましょうか。」
そう言ってこんな話をしてくれたの。

昔、平和に繁栄していた王国があった。王様とお妃様は仲が良く、二人の王子もすくすくと育っていた。兄はけんかの強いやんちゃ坊主で、弟は家の中で本を読んでいることが多いおとなしい少年だった。二人は大人になっても、その性格は変わらず、兄は戦うことを好むようになっていった。「父上、隣の国が勢力を増しています。やがてこの国に攻めこんでくるでしょう。」「考えすぎだよ。このまま平和な状態でうまくやっていけるさ。」しかし、兄は隣の国への警戒心を強く持っていた。根拠は何もなかった。ただ、戦争の理由がほしかったのだ。兄は王様が止めるのも聞かずに、自分で勝手に兵を集めて隣の国に攻めていった。隣の国は油断していたので、最初は兄の軍隊が優勢だったが、大反撃にあって兄は命からがら逃げ帰ってきてしまった。いわれのない戦争をしかけられ、怒ったのは隣の国である。「兄王子を引き渡せ。さもなくば、人質としてお妃の引き渡しを要求する！」王国内ではさっそく会議が開かれ、話しあいが行われた。王様とお妃様は苦悩したが、愛する息子を引き渡すよりはと、お妃様が最初に口を開いた。「私が人質になりましょう。」「何を言うんです。母上が人質になることなどありません！　もちろん、私も行くつもりはない。こちらが悪いことはない！」

「いいえ、このままではこの国が攻められてしまいます。誰かが行かなければ……。」そのとき、じっと口をつぐんでいた弟王子が切り出した。「僕が行きます。母上は行ってはなりません。大丈夫、僕は大丈夫です。」おとなしい弟は、このときばかりは強い意思を表に出し、兄にも両親にも有無を言わせなかった。

弟は隣の国の人質として囚われの身となり、牢屋に入れられた。敵国の王子として、二人の牢番にいじめられる毎日が続いた。目の前でわざと食事を床にこぼされたりしたが、弟は黙って耐えてすごした。怒りもせず、泣くこともわめくこともなく、ただ黙って仕打ちに耐える弟は、本ばかり読んでいた。牢番たちはそんな弟と話をするようになり、弟はいろいろな話を聞かせた。おもしろい話やためになる話を聞かされる牢番たちは、お礼に何か上げようかと言うと、本を読みたいとしか言わない弟。いつしか牢番たちは、そんな物静かで何でも知っている弟王子を少しずつ尊敬し始めていった。「今

度はどんな話をしてくれるんだい？」「こんなことを教えてくれないか？」弟はすっかり牢番たちに慕われるようになっていった。

しかし、敵国の王子に対して、隣の国はついに裁きを下すこととなった。「処刑せよ！」その決定にも、弟王子は決してうろたえることはなかった。「王子様。今日、あなたを処刑せよという命令が下りました。」「しかし、我々に王子様を処刑するなど、そんなことはできません。逃げてください！」

牢番たちは弟王子を黙って逃がしてし

まおうという相談をしたと言う。「何を言うんだ。僕を逃がしたら、きみたちが殺されてしまうよ。きちんと仕事をしなさい！」「そんな…できません！処刑なんてできません！」「いけないよ、僕は大丈夫だから。一つだけ頼みを聞いてほしい。手紙を国に届けてくれないか。」弟王子は、自分の国の父、母、兄に宛てた手紙を牢番に託した。しかし、牢番たちは泣いているだけで手を下せないでいた。「だめだよ。きみたちの仕事なんだから。命令を守りなさい！」弟王子は、牢番の持って

いる槍をつかむと、自らの身に突き刺した。「王子様……！」「何でこんなにすばらしい人を…。」最初は意地悪をしてしまったことなどを悔い、悲しみにくれる牢番たち。「約束は必ず守ろう。手紙を届けに行かなければ。」牢番たちは殺されるのを覚悟で、国を抜け出し峠を超えて弟王子の国へ赴いた。

弟の処刑はすでに知ることとなっていた。弟王子の城にたどり着いた牢番たちに、門番はものすごい形相で立ちはだかった。「お願いします。お手紙を届けるように仰せつかったのです。王子様との約束なんです。」牢番たちは奥に通され、手紙は王様の手に渡り、読まれることになった。「父上、母上、どうか、悲しまないでください。私は先に天国へ参りますが、苦しい思いはしておりません。こうなる運命になったことについては、私は誰も恨みません。私は大丈夫です。いつまでもお元気で、長生きなさることを祈っています。お兄様も、どうかこれからは戦争など考えず、平和な国をつくって、父上、母上を大事になさってください。お願いします。」手紙を読んだ王様、お妃様は涙が止まらず、兄は自分のしたことを嘆き悲しんだ。「私は、何ということをしたんだ……。」

「王様、我々が王子様を手にかけた牢番でございます。」牢番たちは、当然自分たちはこの場で殺されるものと思っていた。「お前たち、自分の国に帰っても抜け出した罪を問われて処刑されるだろう。どうだ、このままここに残って、この城で働きはしないか？」王様の口から思いも寄らない言葉を聞かされた牢番たちは、あまりの慈悲深さにただ頭を下げるばかりだった。王様とお妃様はいつまでも仲良く長生きされ、兄王子は平和な国づくりに励み、国の繁栄は長く及んだという。

…そんな話を妖精が話してくれたの。

そしてその後、

「私たちは人間が生まれるずっと前から

この世界に住んでいる。

昔、地球は本当にきれいだった……。」

妖精は、昔をなつかしむような目で

遠くを見ていたわ。

★★★★★

そこで、再生が停止しました。
「ねえ。どう思う？」
そう葉月さんが聞いてきました。
「…いや、ちょっと……、
圧倒されちゃいました。
スケールが…想像以上で。」
菜緒さんはそう答えました。
「あのさ。うちのおばあちゃん、
映画も本もほとんど興味ないんだ。」
「海外ドラマとかも？」
「うん。」
「じゃあ…信じます。
だって先輩のおばあちゃんでしょ。

それに想像で話せるような
内容じゃないですよ、これ。」

葉月さんの話では、
今もおばあさんはお風呂のときに
水の妖精たちを見ているそうです。
次の冬休みに、菜緒さんは、
葉月さんと一緒におばあさんの家に
泊まりに行く予定です。
「私もそのお風呂入ったけど、
妖精は全然見えなかったよ。」
葉月さんがそう言っても、菜緒さんの
〝水の妖精〟への興味はつきません。

高校二年生の史帆さんは、学校の帰り道に、
いつも通る公園を一人で歩いていました。
季節は秋で、日が落ちるとちょっと肌寒く感じます。

〝ブルブル、ブルブル〟とスマホに、友だちの梨世さんから
悩み相談のメッセージが届きました。

〝またユウトとケンカした…。もう別れたほうがいいのかな？〟

梨世さんは彼氏の優斗くんと
しょっちゅうケンカをしているみたいで、

そのたびにメッセージが届きます。
自動販売機で温かい飲みものを買った史帆さんは、公園のベンチに座り、
〝うわ…またなの？　さすがにそろそろ限界なんじゃない？〟
と、返信メッセージを入力し始めたとき、
視界の端に何か動くものが見えました。
『？』
史帆さんは顔を上げ、動くものを感じたほうに視線を移しました。
でも、誰も、何もいません。

そこは樹木の生い茂った場所だったので、木々が風に揺れたのか…、
ゴミでも舞ったのか…、特に気にせず、
史帆さんはまたスマホの画面に視線を戻しました。
ところが、

『?』

やっぱり視界の端に何か動くものが見えます。

今度はすばやく視線をそちらに移しました。

「あっ!!」

史帆さんは思わず声が出ました。

そこにいたのは、**小さな半透明の鬼!!**

色ははっきりとはわかりませんが、

頭に二本の角が生えた鬼が、

史帆さんと目があったことに驚いたようで

びっくりした表情を浮かべています。

鬼はすぐに背を向けて、その場から逃げ出しました。

「ちょっと！」

また史帆さんは、反射的に声を上げました。

すると、その声を聞いた鬼が

逃げながら史帆さんのほうを振り返りました。

鬼の顔にかぶるように、別の人間の顔が

浮かび上がるのが見えました。『何これ……？』

それからしばらくの間、史帆さんのまわりに
同じような鬼が現れるようになったのです。
あるときは学校の教室の中、
あるときは自宅の机の上、電車の中…。
さまざまな場所に現れては、楽しそうに踊っているのです。

これは、都市伝説などでよく目撃される
〝小さいおじさん〟なのでしょうか。
もしそうだとすると、〝小さいおじさん〟で
言われていることが気になってきました。
幸運がやって来るのか…、
不幸がやって来るのか…、
史帆さんは毎日がちょっと不安なのです。

恐怖4
哀しく切ない恐怖体験

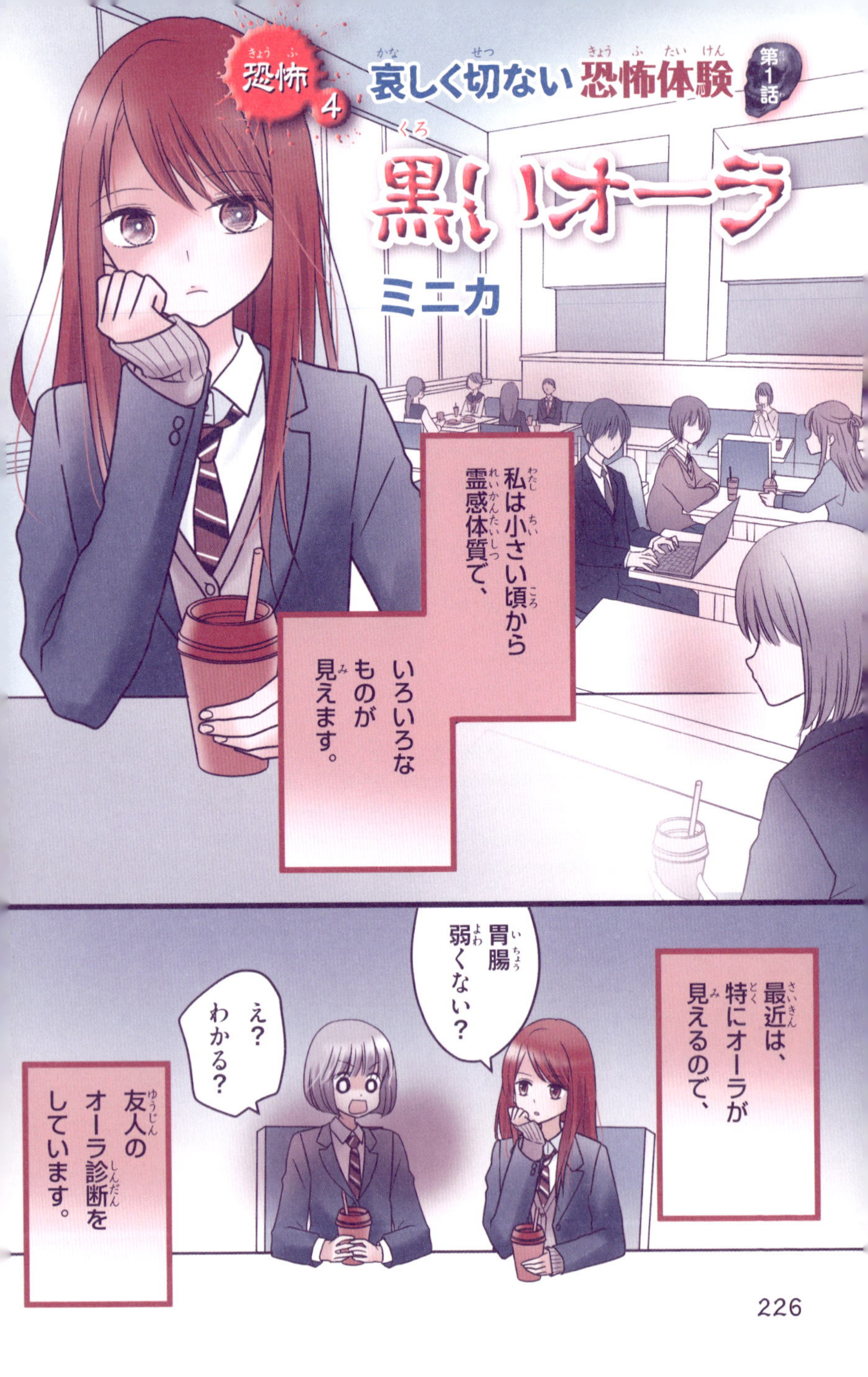
恐怖4
哀しく切ない恐怖体験
第1話
黒いオーラ
ミニカ
私は小さい頃から霊感体質で、
いろいろなものが見えます。
最近は、特にオーラが見えるので、
胃腸弱くない？
え？わかる？
友人のオーラ診断をしています。

詩織——。お風呂先に入っちゃってー。
はーい。
ん？
何これ……。
オーラが黒い……？
元気バリバリやで～。
初めて見る色だ……。

ちょっと聞いた？
びっくりだよね。
昨日の夜の生放送に出てたじゃん！
お笑い芸人 急死！
昨夜、お笑い芸人の○○さんが交通事故で、亡くなりました。○○さんはラジオ収録の帰りにタクシーに乗り後ろから来たトラックに追突され…
コンビの○○さんは、信じられない信じたくない…と話しており、業界でも悲しみの…
元気そうだったのに。
事故か――。
急死？

まさか…。
偶然なだけよね。
ぶんっ
ぶんっ

でも、
何だかイヤな感じ……。

うわ……。
すごい真っ黒…。
やあ、詩織ちゃん。
ニニ

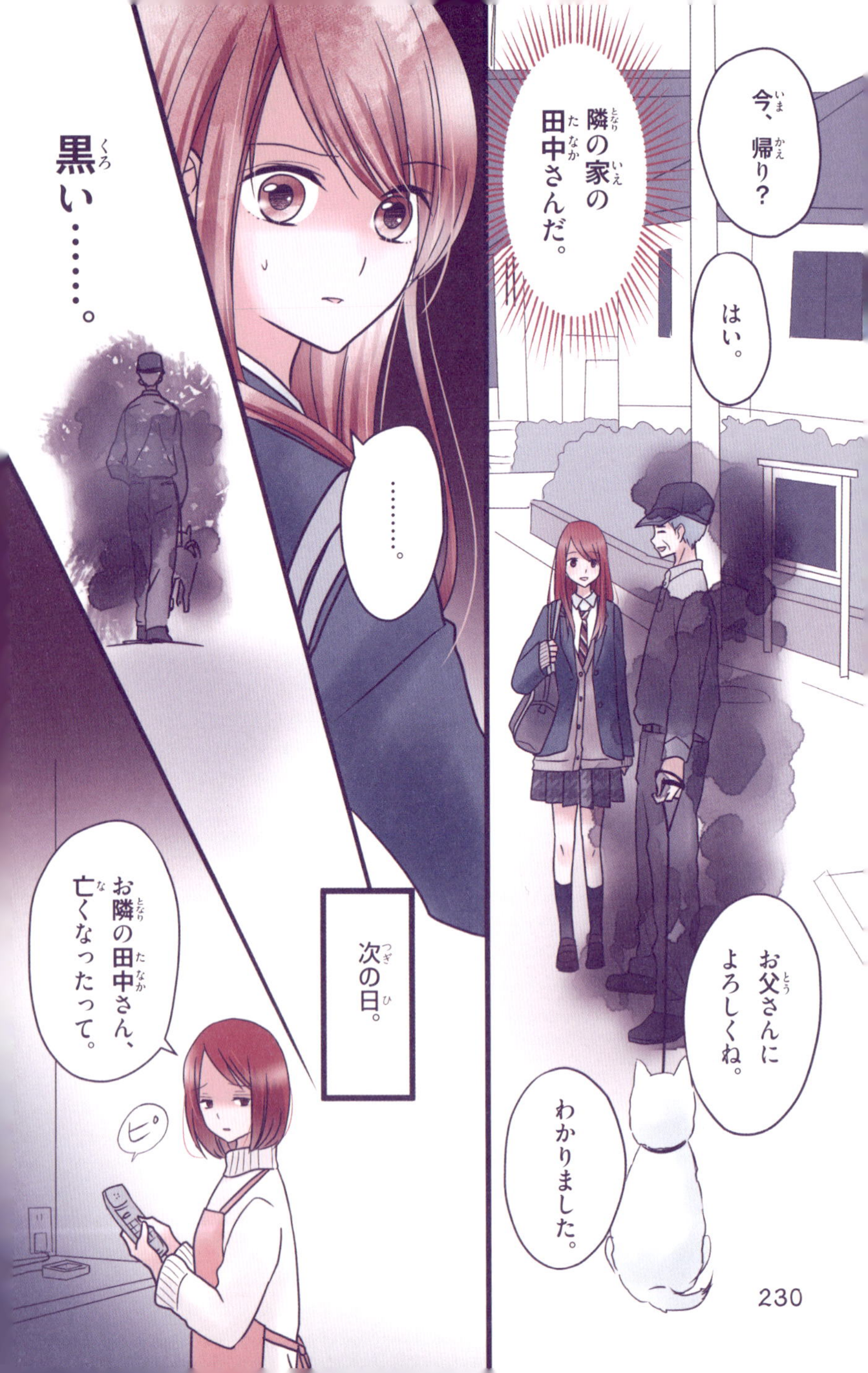

今、帰り？
隣の家の田中さんだ。
はい。
お父さんによろしくね。
わかりました。
……………。
黒い……。
次の日。
お隣の田中さん、亡くなったって。
ピ

田中さん……。

あの黒いオーラは、やっぱり…。

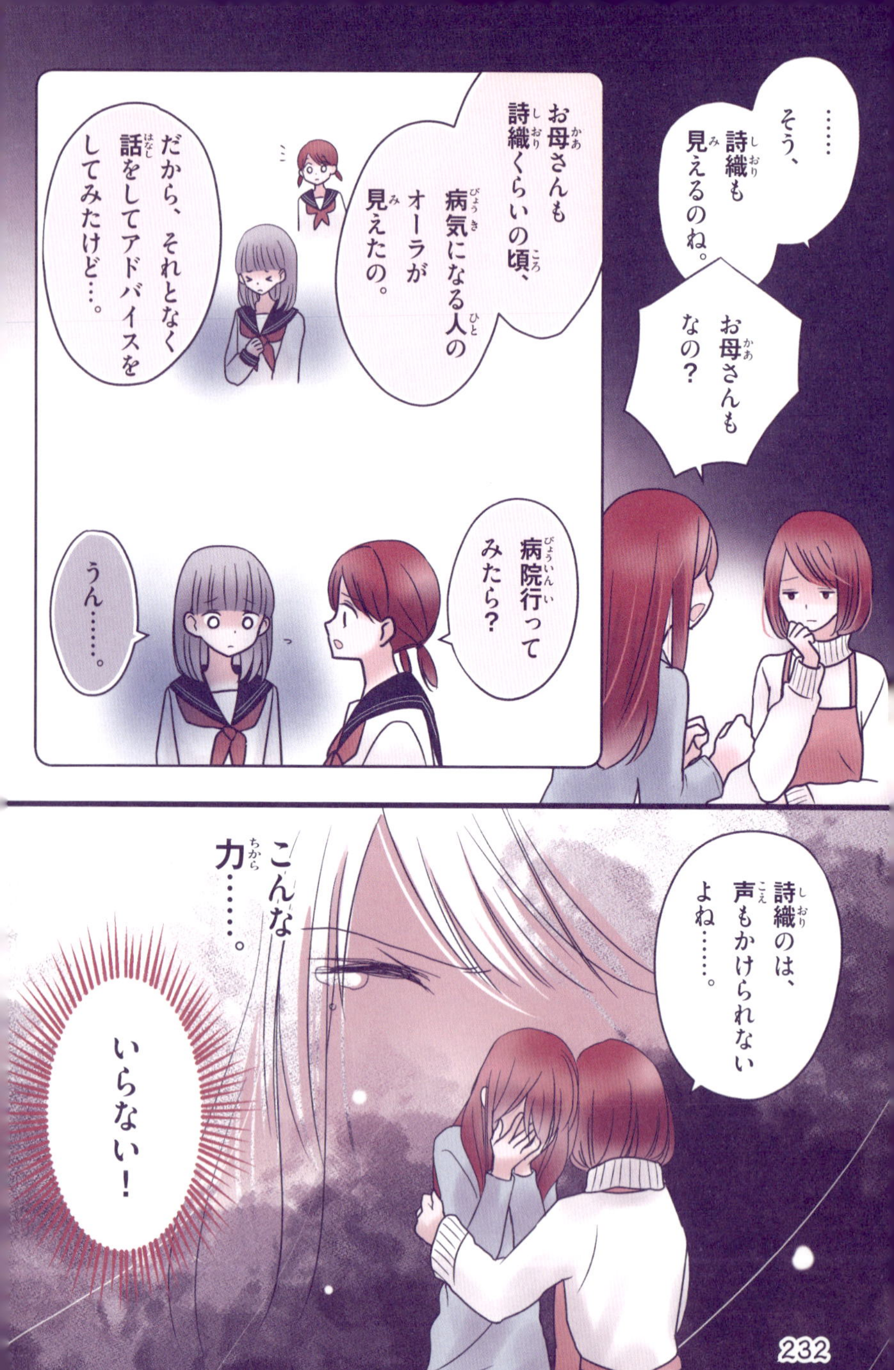
……そう、詩織も見えるのね。
お母さんもなの？
お母さんも詩織くらいの頃、病気になる人のオーラが見えたの。
だから、それとなく話をしてアドバイスをしてみたけど…。
病院行ってみたら？
うん……。
詩織のは、声もかけられないよね……。
こんな力……。
いらない！

おはよー。
今日、小テストあるかもだってー。
えー、やだねー。
え……。
みんな真っ黒…。
何？

隣のクラスは何もない。
うちのクラスだけ？
まさか、みんな死ぬってこと？
明日は就職説明会だ。
集合時間に遅れたら、置いていくからなー。
はーい。
8:00 集合
8:20 バス乗車
9:00 会場着
12:00 昼食（弁当持参）
13:00 移動
バス……。

事故とか？
事件とか？
私も死ぬの？

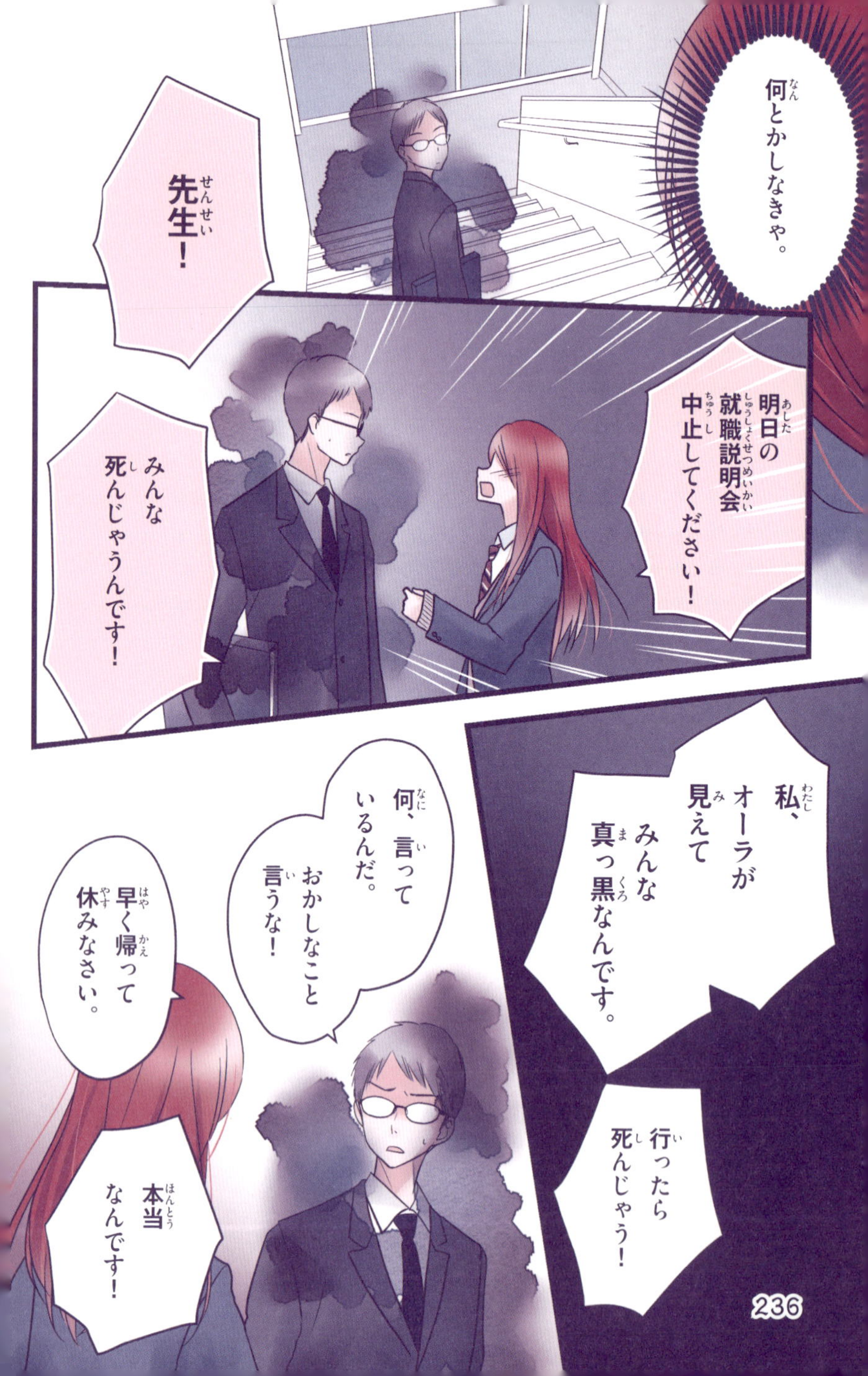
何とかしなきゃ。
先生！
明日の就職説明会中止してください！
みんな死んじゃうんです！
私、オーラが見えてみんな真っ黒なんです。
何、言っているんだ。おかしなこと言うな！
早く帰って休みなさい。
行ったら死んじゃう！
本当なんです！

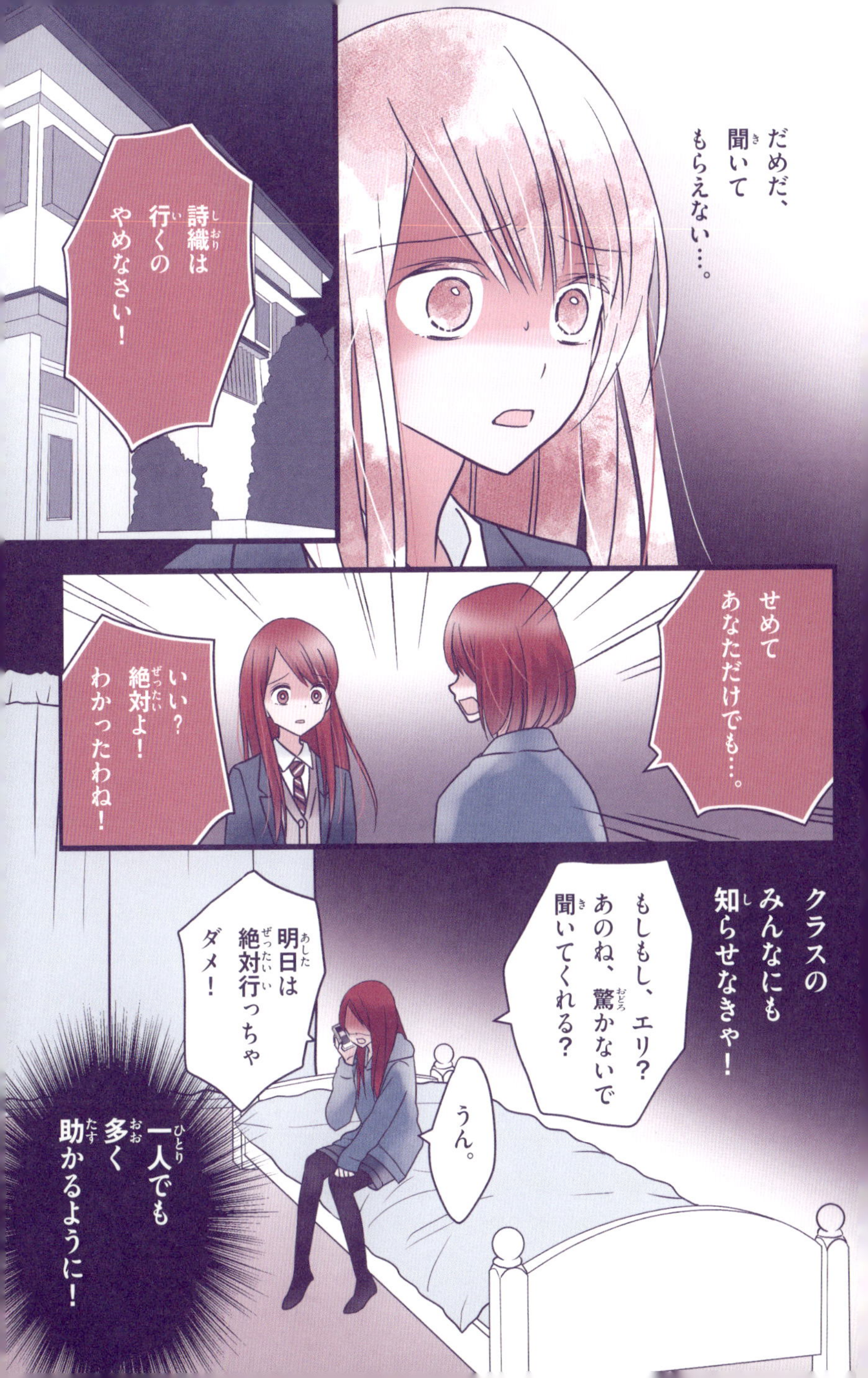
だめだ、聞いてもらえない…。
詩織は行くのやめなさい！
せめてあなただけでも…。
いい？絶対よ！わかったわね！
クラスのみんなにも知らせなきゃ！
もしもし、エリ？あのね、驚かないで聞いてくれる？
明日は絶対行っちゃダメ！
うん。
一人でも多く助かるように！

怖いよ……。そういうのやめて！
お願い！信じて！
ユカリ！あのね…。
マジで？
もしもし
ヒロくん？
え!?
21:40
マイちゃん
今日
明日は欠席して！行ったら死んじゃうから！
てるの？
クラスのみんなに黒いオーラが出ているの！
オーラ？
私は必死に説得した。
自分のオーラはわからない…。
私のオーラも黒……なの？

もし黒なら、
私も
死ぬ運命……。

でも

もし

黒じゃない、

私がバスに
乗ることで、

何かかが
変わるかも
しれない。

変わってほしい。
……。
……
行きは何も
なかった…。

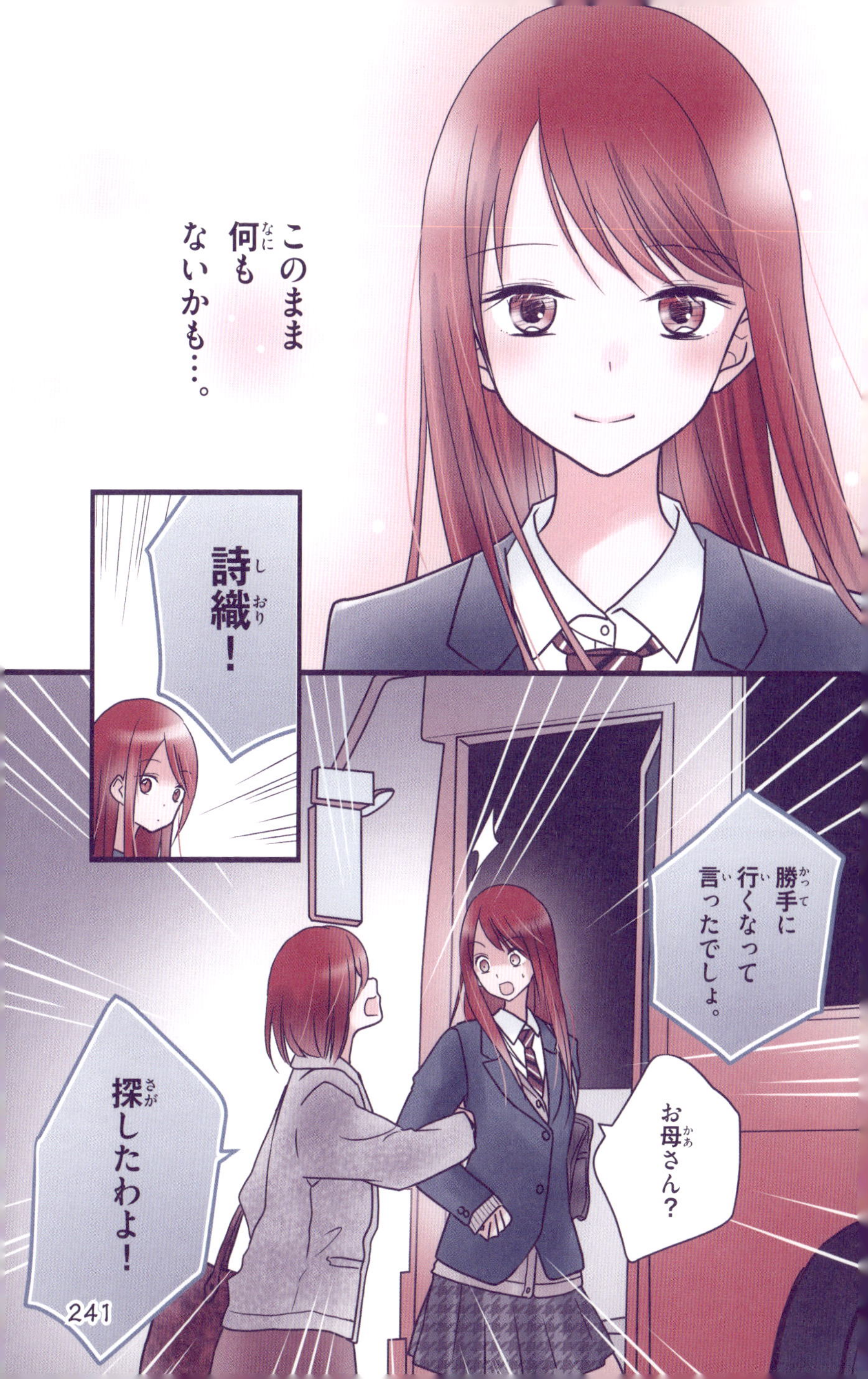
このまま
何も
ないかも…。
詩織！
勝手に
行くなって
言ったでしょ。
お母さん？
探したわよ！

先生！身内に不幸があったので、娘はここで連れて帰ります。
何で？
え？
待ってお母さん！
あ！みんな。
詩織！

どうか
どうか無事でいて！

山川新聞
バス事故で高校生死亡
高速道路でトラックに追突される
そんな……。
……うそ。
山川新聞

助けることができなかった。

帰りのバスに乗っていた全員が

帰らぬ人となった…。

私はあの事故以来、
オーラを見るのが本当にいやになりました。
そう思ったせいか、日に日に見える力が薄まっています。
……これでよかったのかな…。

哀しく切ない恐怖体験 第2話 夏の思い出

高校生の萌さんは、同級生の美玲さんと大の仲良しです。

二人は中学生のとき、吹奏楽部で知りあって気があい、ほかの二人の友だちとグループでよく遊んでいました。

でも、萌さんは霊感が人一倍強く、みんなで肝だめしに行ったりすると、かなりの確率で全員が変なモノを目撃するということになり

「萌と怖い場所に行くとき、幽霊見ちゃうもんなぁ。マジ勘弁してよね。」

と、苦笑いで言われる始末でした。

八月十四日のことです。

毎年恒例のイベント・夏の花火大会に

萌さん、美玲さんたちは
四人で出かけました。
久々に浴衣を着て、
テンションが上がる萌さんたち……。

ところが、美玲さんだけは
おしゃれはしているものの洋服姿です。
実は、その日、美玲さん一家は
夜間にフェリーに乗って
両親の田舎へ行くことに
なっていたのです。

それでも、少しだけでも
みんなと花火大会を楽しみたくて
かけつけました。

「みんな、ごめん。
フェリーに間にあわなくなるから
そろそろ行くね。」
と、申しわけなさそうな
表情の美玲さんは、
花火大会の途中で一人会場から
離れることになりました。
「わかった。気をつけてね。」
「お土産よろしく！」
「美玲が帰ってきたら、
またみんなで遊ぼうね。」
そう声をかけて、
三人は美玲さんを見送りました。

花火大会が終わった後、
萌さんの家で、
お泊まり会を開きました。
三人は浴衣姿を撮りあいながら、
「うっそー！
谷岡、またフラれたのー!?」
クラスの子たちの恋バナで盛り上がり、
気がつくと、もう夜の十一時でした。
そのとき、
〝トゥルルルルッ！〟
突然、萌さんのスマホの
着信音が鳴り出しました。

「何、こんな時間に誰よ？

……あれ？　美玲じゃん。」

電話は美玲さんからでした。

「もしもしー。どーした？　フェリー退屈？」

電話に出た萌さんは、そう元気に呼びかけました。

すると、美玲さんは意外な返答をしました。

「ごめん…。今、萌の家の前にいるの…。」

こっそりと美玲さんを部屋に
招き入れた萌さんは
「どうしたの？
帰ったんじゃないの？」
と聞きました。
すると美玲さんはバツの悪そうな
苦笑いを浮かべながら、
「うん……私だけ、ちょっと
帰れなくなっちゃってね。
だからこっちに来ちゃったんだ。」
と答えました。
親友が来てくれて

うれしかった萌さんは、
特に理由も聞かず、
「もう夜も遅いし、
美玲も泊まりねっ！」
ということになり、
そのまま四人で、
「お帰り！　美玲〜！」
と、ふざけながら、
また恋バナで盛り上がりました。
一時間ほど話した後、美玲さんは、
「私、ちょっとトイレ。」
と言い、なぜか少し寂しそうな表情を
残して部屋を出て行きました。

それから三十分経っても、
美玲さんは戻ってきません。
変に思った萌さんは
トイレへ様子を見に行きました。
「どうしたの？　おなか痛いの？」

そう声をかけましたが……、
何とトイレには
誰もいませんでした。
見ると、美玲さんの靴が
玄関から消えています。

「え!?　どこ行ったの?」
心配になった萌さんは、
部屋に戻ってほかの二人に事情を話し、
美玲さんのスマホに電話をしました。
でも、……美玲さんは出ません。
萌さんは、やむを得ず
美玲さんのお母さんの
ケータイに電話をしました。

すると、
「…あぁ…。萌ちゃん……?」
泣き声混じりの美玲さんのお母さんが
電話に出てくれました。

美玲さん一家は車で
フェリー乗り場に行く途中で
交通事故にあい、
両親は軽傷で済んだものの、
重傷を負った美玲さんが
少し前に亡くなったのです。
美玲さんのお母さんは
悲しみをこらえながら、
そう教えてくれたのです。
萌さんは、震えながら
立ちすくみました。
『何……それ?　どういうこと?
美玲が死んだ?

うそよ…。だって、さっきまで
ここにいたじゃん……。』

萌さんの部屋には、
美玲さんが飲んでいた
ジュースのコップが
飲みかけのまま残っていました。

後日、萌さんは、
クラスメートとともに
美玲さんの告別式に参列しました。
みんなが悲しみに暮れるなか、
それでも二人の友だちは、
「萌、ありがとね。

きっと萌に霊感があったから、
私たち、最後に美玲と会えたんだよね。」
「会いに…来てくれたんだよね…。」

涙を流しながらも
笑顔を浮かべる二人にそう言われ、
萌さんはこらえきれず
泣き崩れてしまいました。

それからしばらく経ち、
美玲さんの四十九日を迎えた日。
萌さんは、美玲さんが
亡くなった道路に
花を手向けに行きました。

『美玲。またいつでも遊びに
おいでよね。本当だよ！』
萌さんが、祈るように
頭の中でつぶやいたときでした。
「……萌！」
突然、萌さんを呼ぶ声が
聞こえました。
顔を上げると、目の前の道路上に、
車に乗ったまま、こちらに
手を振る美玲さんの姿が……。
笑顔だけれど、
どこか悔しそうな
美玲さんの表情に、
萌さんはまた泣きそうになりました。
でも、流れようとする涙を
ぐっとこらえて、
「またねー!!!」
笑顔で手を振り返しました。

それから、毎年八月十四日になると、
萌さんと二人の友だちは、
どんなに忙しくても
必ず再会しています。
美玲さんのことをしのびながら
三人で一晩をすごすのです。
残念ながら、今のところ
美玲さんの姿を再び見ることは
できていませんが、
「いつかまた、
ふらりと会いに
来てくれると思ってるんです。」
萌さんたちは、今もそう信じています。

追いかけてくる人形

沢音千尋

まさか死んじゃうなんて。
あんたほとんどサチさんに会ってないでしょ。
学級委員の美鶴ならまだしも。
わあわあ
ノートもだけど、プリント持っていってもらってたり。
文句も言わずに、

美鶴は人の世話を焼くのが好きなんだよね。
人の世話なんて、好きなわけないじゃない。

私は面倒くさがりなだけ。
断るより、引き受けたほうが角が立たない。
そんなだから
「形見」…。
やっかいごとを避けるのも、慣れていたはずなのになあ。
そのうち、お寺とかに持っていけば？

そのほうがサチさんにもいいわよ。
うん…。
その日からでした。
おかしなことがおこり始めたのは。
ただいまーっ
また、落ちてる？
不安定なのかしら。
最初は棚から落ちる程度でしたが…。

敦子！あんた勝手に部屋からぬいぐるみを持ち出して…！
ただいま！
!?「ただいま」？
もぉー、急におばあちゃんちに泊まりに行かないの。
？敦子なら、おばあちゃんちに泊まってたわよ。
妹は家にいなかった？
じゃあ誰が？

美鶴ーっ!
わあ゛!
寝ぼけてたの?
美鶴が珍しい!!
きゃあきゃあ♥

授業に関係のないものは没収!

教科書、授業終わったらすぐ返すね。
美鶴が教科書忘れたって、本当だったんだ。

そうそう、今日の美鶴の教科書はぬいぐるみなの。
みんな、知ってるの!?
だって、あの美鶴がさあ〜。
教科書出してまで、ぬいぐるみを詰めこむなんて。
カーッ
キーンコーン…
疲れてないし、寝ぼけてない。
教科書なんて絶対忘れない！
あれ、先生が没収したはずだよね。
ねえ。

誰だ？こんないたずらしたの！
知りませんよ！
ロッカーの鍵は、先生が持ってるでしょ？
え、あ、そうか!?
おかしい。
このぬいぐるみ、絶対におかしい！
いいよ。気軽に持ってきなさい。
年末にね。
まとめてお焚き上げをしてるから
はー……
それがいやならゴミで捨ててしまいなさい。
ゴミ……。
……捨てる……。

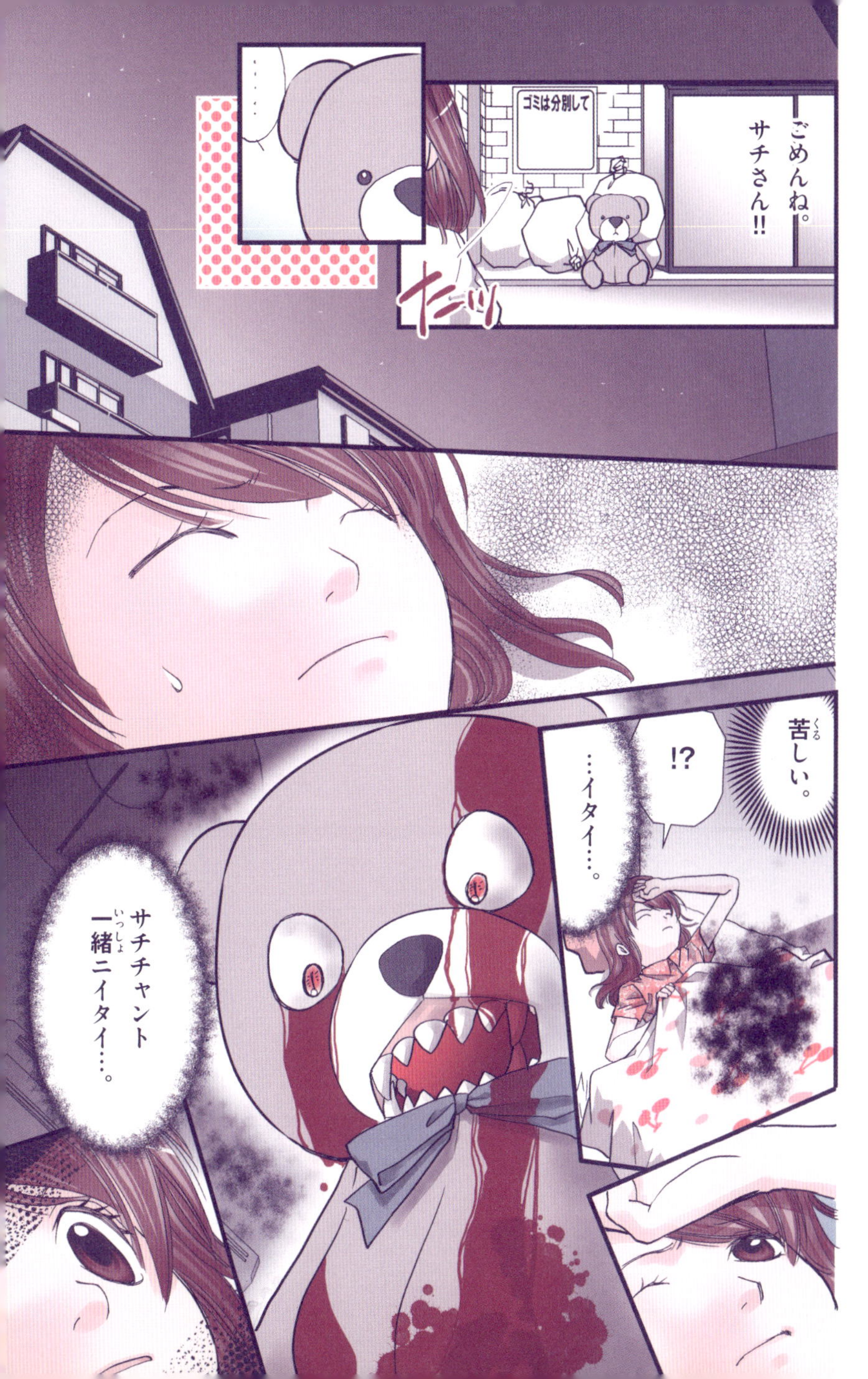
ごめんね。
サチさん!!
ゴミは分別して
タッ
……
苦しい。
!?
…イタイ…。
サチチャント
一緒ニイタイ…。

きゃあああ！
がたがたっ
美鶴!?
変質者でも出たか!?
何で…？
捨てたはずなのに!!
おかしいな。
サチさんのお母さん、どの番号も出ないぞ。
?。
?
サチさんのお母さん、出ませんよね？

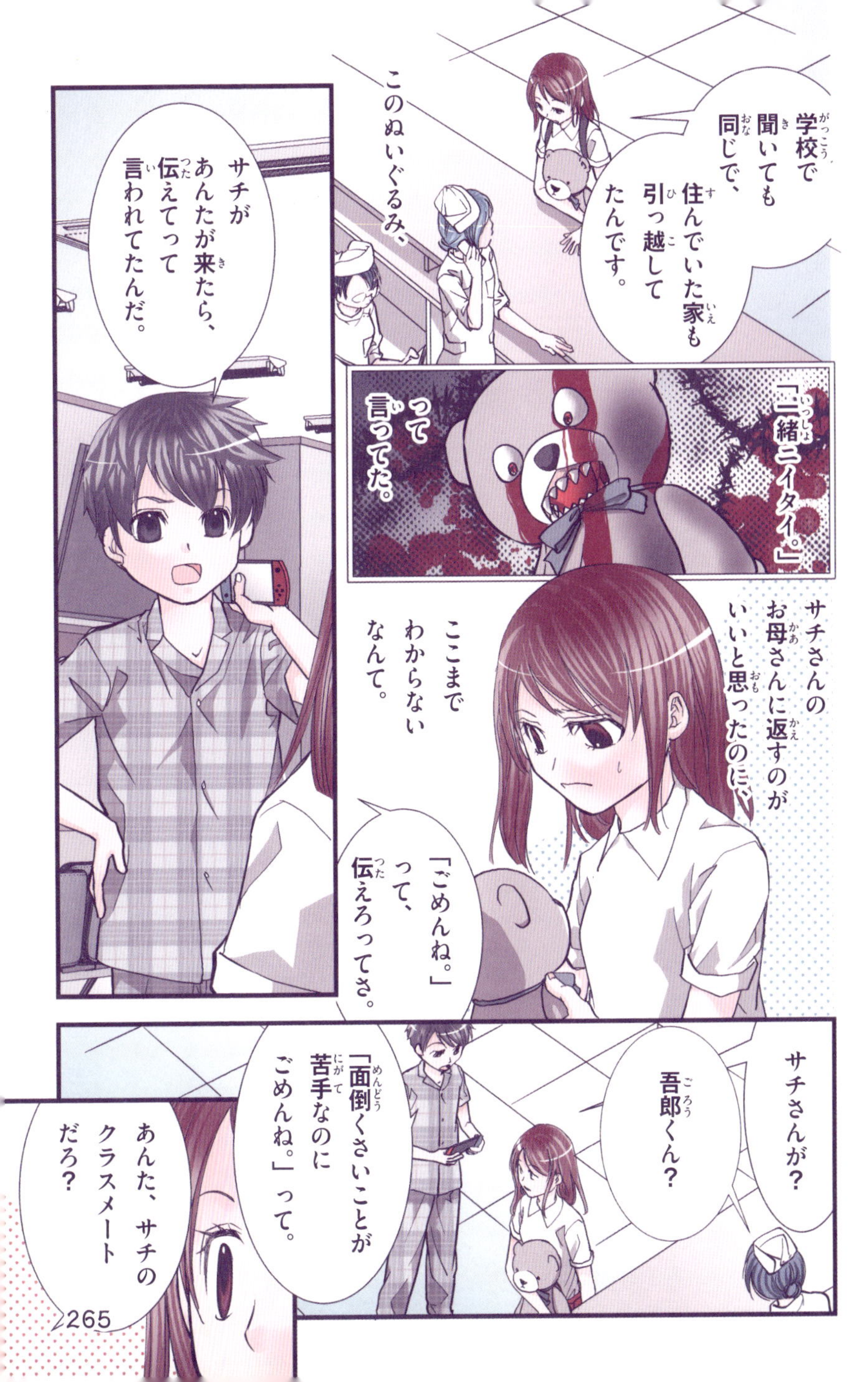

学校で聞いても同じで、
住んでいた家も引っ越してたんです。
このぬいぐるみ、
「一緒ニイタイ。」
って言ってた。
サチがあんたが来たら、伝えてって言われてたんだ。
サチさんのお母さんに返すのがいいと思ったのに、
ここまでわからないなんて。
「ごめんね。」って、伝えろってさ。
サチさんが？
吾郎くん？
「面倒くさいことが苦手なのにごめんね。」って。
あんた、サチのクラスメートだろ？

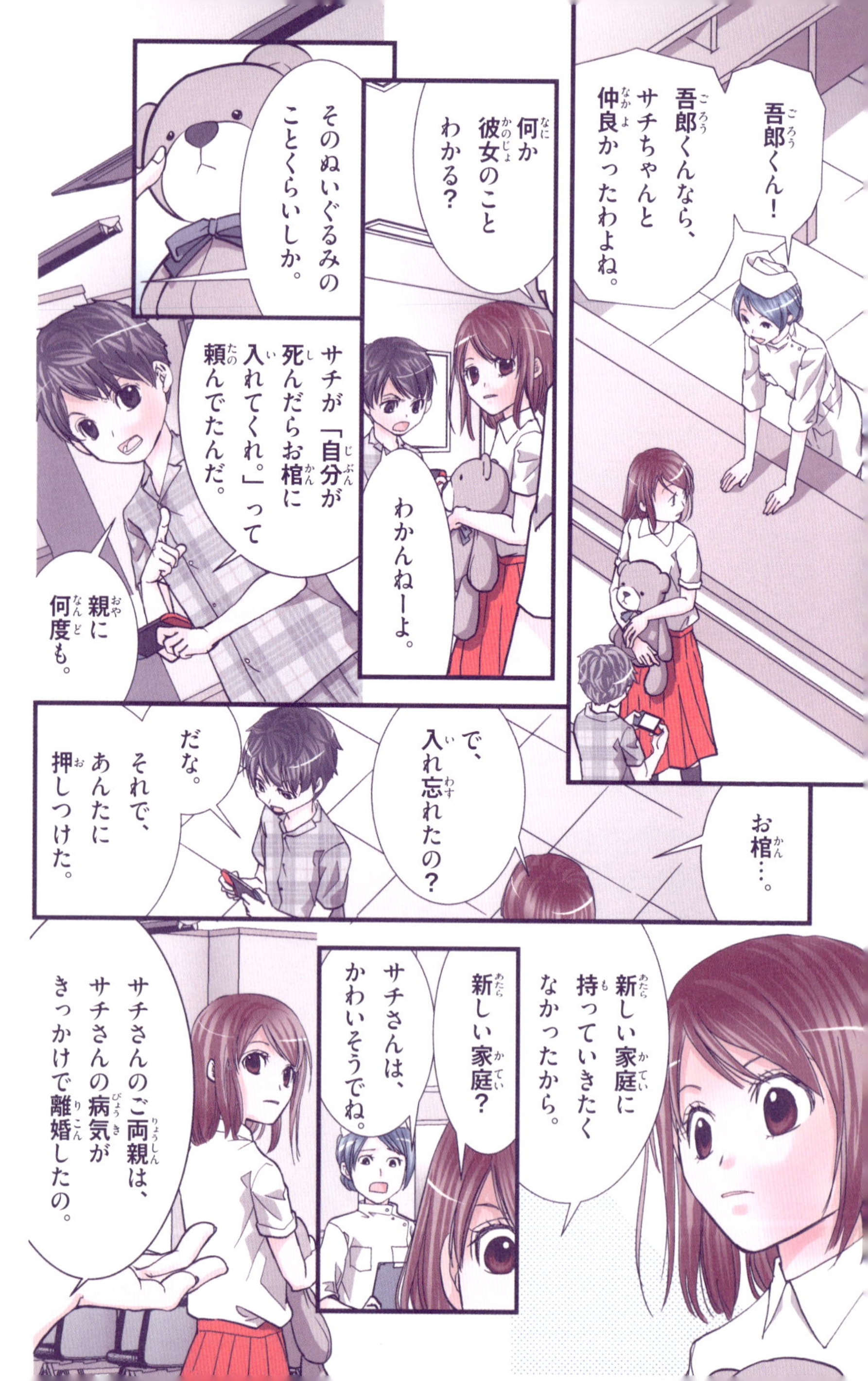
吾郎くん！
吾郎くんなら、サチちゃんと仲良かったわよね。
何か彼女のことわかる？
わかんねーよ。
そのぬいぐるみのことくらいしか。
サチが「自分が死んだらお棺に入れてくれ。」って頼んでたんだ。
親に何度も。
お棺…。
で、入れ忘れたの？
だな。
それで、あんたに押しつけた。
新しい家庭に持っていきたくなかったから。
新しい家庭？
サチさんは、かわいそうでね。
サチさんのご両親は、サチさんの病気がきっかけで離婚したの。

サチさんを引き取ったお母さんは、ほかに家族ができて最後のほうはほとんどサチさんの見舞いに来なかったわ。
そんなだから、あんたがサチと一番仲がいいとぬいぐるみを押しつけたんだよ。
サチは、予想してたんだ。
親がぬいぐるみをお棺に入れ忘れることも、
あんたに押しつけることも。
サチさん…。

「面倒くさいことは、苦手なのにごめんね。」
サチさんは
私が「面倒くさがり」だと見抜いてた。
うまく隠してたのに…。
…さて、サチの「居場所」だけど
何かサチの忘れものとかない？
ヒントがあるかも。
忘れもの…。
ねえ、あの本まだ返してないよね？
本？
これなんだけど。
N県H村図書室!?
そう、つまりサチさんの田舎なのかも。
まあまあサチのお友だち？

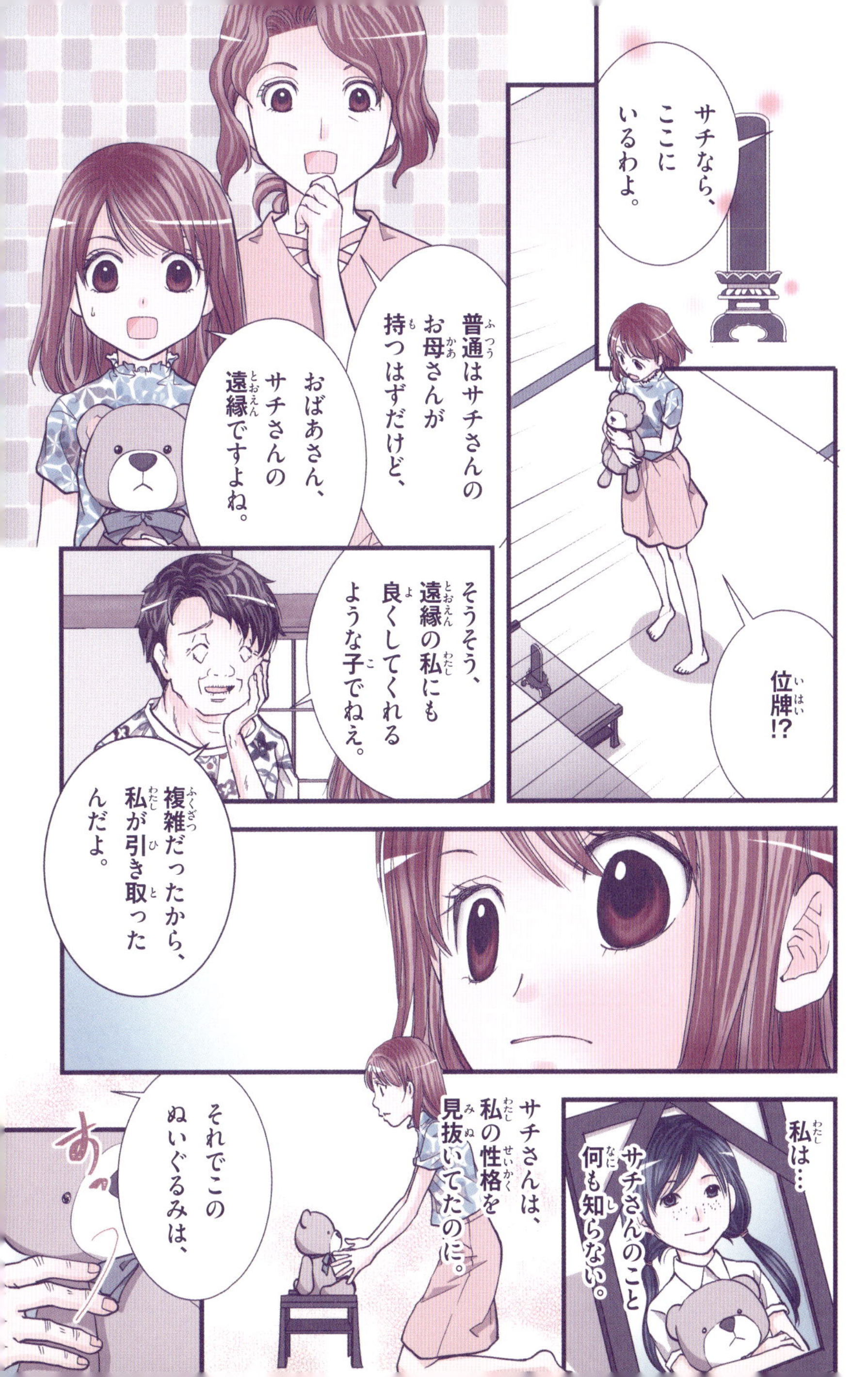
サチなら、ここにいるわよ。
位牌!?
普通はサチさんのお母さんが持つはずだけど、
おばあさん、サチさんの遠縁ですよね。
そうそう、遠縁の私にも良くしてくれるような子でねえ。
複雑だったから、私が引き取ったんだよ。
私は…サチさんのこと何も知らない。
サチさんは、私の性格を見抜いてたのに。
それでこのぬいぐるみは、

あなたが持っていてくれないかしら。
私もいつ逝くかわからないし、
「友だち」が持っていたほうがサチも喜ぶわ。
この子はここに置いてください。
連絡します。
年賀状も暑中見舞いも書くし、
ここにも来るようにします。
サチさんを知りたい。
どんなところで育って、どんな考え方をしてたか。
それを今の私には、面倒なこととは思えないのだ。

怖い話MAX∞新聞情報局 一

全国から怖～い話が、続々と届いています。

通信1 ベッドの側に現れたのは…【北海道】

その家は高い屋根で洋風な外観でした。「わぁ、ステキ！」引っ越してきた家を見て、澪さんは思わず声を上げました。澪さんは二階の角部屋を自分の部屋に選びました。部屋のベッドは作りがしっかりしているので、父親がリフォームしてくれました。澪さんもそのベッドが気に入りました。

ある日の深夜、人の気配で目が覚めました。「○○ちゃんなの？」妹を呼んだのに声が出ません。金縛りです。『助けて…。』心の中で叫んだとき、澪さんの両方の足首が握られて、グイと引っ張られました。どこか違う世界に引きずりこまれそうな恐怖です。下半身はベッドから落ちてしまいました。恐る恐る目を開くと、恐ろしい形相で澪さんをにらんでいる外国人の女性が、ベッドの側にいました。

後日、わかったのは、以前、その家にはイギリス人の家族が住んでいて、不運な事故で母親と娘が亡くなったそうです。その亡くなった娘の部屋が、澪さんの部屋でした。母親の霊は、娘以外の誰かがベッドを使うことが許せなかったのでしょうか…。

通信2

非常階段の秘密

【神奈川県】

綾さんの中学校には、鉄骨でできた非常階段があります。裏庭からは上がれないように鎖が巻かれています。それでも三階の扉だけはなぜか内鍵を開けることができました。そこから最上階の四階に上がると景色が最高で、演劇部の綾さんは、放課後、そこでよく台本を書いていました。「綾〜、そろそろ帰ろう。」その日も非常階段の四階で台本を書いていると、下でクラスメートが手を振っています。

帰宅する時間です。『何の教科の先生だろう？』クラスメートの横に、女性が立っていました。〃ゾワッ…〃体に戦慄が走りました。その女性は全身が透けていて、綾さんを見上げていたのです。『怖い、どうしよう。』〃カツーン〃鉄骨の階段に何かが当たる音が響きました。〃カツーン、カツーン〃下を見ると、あの女性がいません。『あの人の足音だ。』逃げたかったのですが、恐怖で動けません。というのも、逃げるには、四階から三階まで下りなければならないからです。もしも、そこで出くわしてしまったらと思うと足が動きません。すると、足音が鳴り止みました。

ほっとして三階まで下りると、扉の前に「私はここから落ちて死んだの〜。」そう叫ぶ全身透けた女性が立っていたのです。

通信3 鏡に映った赤ちゃん【滋賀県】

その日、千尋さんは、お母さんの手伝いで夕食の後かたづけをしていました。きれいになった食器を棚にしまおうとしたときです。「キャッ⁉」〝バリンッ〟悲鳴と同時に皿を落として割ってしまいました。「お母さん、棚の中に赤ちゃんがいる。」それを聞いたお母さんは、ただ笑っています。千尋さんがもう一度見ると、棚の中には、整然と食器が並んでいるだけでした。

それから数日後、洗面所にいるときでした。顔を洗い終えて、頭を上げたときです。『…⁉』目の前の鏡にあのときの赤ちゃんが映りこんでいました。そして、千尋さんをジッと見つめて、すぐに消えました。それからというもの、通学のときの電車の車窓や学校の窓にも気がつくと赤ちゃんが映りこんでいるのです。やはり、千尋さんをジッと見つめているだけです。怖くなった千尋さんは、反射するようなものはなるべく見ないように決めました。

何週間かすぎると、あの赤ちゃんのことも気にならなくなりました。ある休日、千尋さんは、スマホを片手に友だちとの待ちあわせ場所にいました。『えっ、何‼』スマホの画面に小さい手が映っています。画面をよく見ると、血まみれの赤ちゃんが現れました。千尋さんは、恐怖のあまり気を失ってしまったのです。

通信4

動く案山子【富山県】

景南さんは、夏休みに、お母さんの田舎に遊びに行くことになりました。お母さんの実家は代々続く米農家で、広大な田んぼの中に家がありま す。田んぼの中の一本道を通ると、景南さんのおじいさんが毎年立てるいつもの案山子が出迎えてくれます。何日かすぎたときです。ふと、母屋の前の田んぼを見ると、遠くにもう一つ案山子が立っていました。おじいさんがもう一つ作ったのだろうと、気になりませんでした。

それが数日すると、遠くに立っていた案山子の位置が母屋に近くなっていたのです。その案山子は浴衣を着て、カツラをつけています。風に吹かれて、浴衣とカツラがユラユラと揺れていました。その日の夕方、家の人たちは農協の集まりで、景南さんは一人で留守番をしていました。遠くで雷鳴が聞こえると、すぐに夕立になりました。

激しい雨の中、窓に何かがぶつかる音がしたので見ると、案山子が窓に倒れかかっています。よく見ると、案山子ではありません。十字架のような竹に、縄でしばられたずぶ濡れの女だったのです。「あだじ（私）を助けて〜。」そう叫びながら、何とか逃れようと、全身をクネクネユラユラと動かしていたのです。

おじいさんは、案山子は一つだけだと言っています。

恐怖5 心霊スポットスペシャル 青い花柄のワンピースの女

今から十年以上前の話。
当時、大学生だった鈴さんに
それはおこりました。

ある日、鈴さんは
大学の学生食堂で、友人たちと
おしゃべりをしながら
昼食をとっていました。
「なぁ、今日の夜さ、みんなで

心霊ツアー行かねぇ？」
突然、友人の翔太さんが
笑顔でそう切り出しました。
「心霊ツアー……って……？」
鈴さんが聞くと、翔太さんは、
「心霊スポットめぐりのことだよ。
もちろん鈴も行くよな。」
「どこに行くのよ？」
「え？　決まってるだろ
………K川だよ。」
「やだ、ふざけないで！
……私、行かない。」
「鈴がいないとおもしろくないじゃん。
なぁ、行こうぜ！」
「行かないって言ってるでしょ！」

鈴さんはなぜむきになってまで、
行くのを拒否したのかというと、
それは、K川が地元でも
有名な自殺の名所で
最恐の心霊スポットだったからです。
そして、鈴さん自身が霊を感じやすい
体質だったのです。

講義が終わり、寮へ帰った鈴さんが
夕食後に部屋で本を読んでいたとき、

寮の前に車が停車し誰かが
降りてくる音が聞こえました。
「おーい！　瑞稀さーん！　鈴！」
と、大声で呼ぶ声がしたので
部屋の窓から外を見ました。
窓の外には、先ほどの友人たちの
翔太さんと賢介さんが立っていました。

鈴さんが窓を開けると……。
「なぁ、鈴、行こうぜ～。」
「だから行かないって！
冗談じゃないよ…。」
そのうち、二階に住む寮の先輩・
瑞稀さんもやってきました。
「鈴、何やってんの。
おもしろそうじゃない？
早く支度して行くよー！」
さすがに寮の先輩には逆らえないので、
鈴さんは、渋々支度をしました。

そして鈴さんたち四人は、
一台の車で夜の闇に包まれた
K川に向かったのです……。

※次ページからのまんが
「青い花柄のワンピースの女」
前・後編に続きます。

恐怖5
心霊スポットスペシャル
青い花柄のワンピースの女
（前編）
翔太
鈴
賢介
瑞稀
早く吊り橋を渡ろうぜ。
あいはらせと
ねえ、何、あれ？

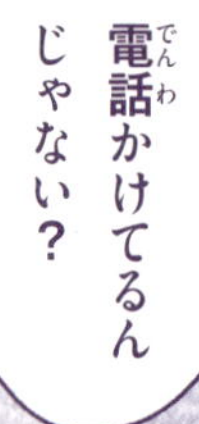

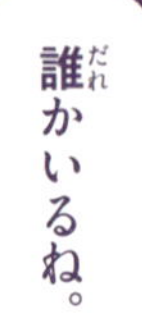

橋の向こうに明かりが見えない？
誰かいるね。
電話かけてるんじゃない？

何だよ。
先客が来てるのかよ～。
つまんねえな～。
おじさん一人で
何やってんだ?
はぁ～っ
はっ

ぶるっ
どうしよう…。
あれはきっと…。
なあ鈴、
あのおじさん
幽霊か?
ドクン
ドクン
ドクン

ニィィィィ
ひっ

やっぱり出たよ…。もう帰りたい。
でもここまでついてきて、一人で帰るのはいや！
ゾワッ
おい、鈴！大丈夫か？
いけない！
ねえ…、帰らない？
ここで異変に気づかれたら、みんながパニックになっちゃう。
バカ、これからが本番じゃん！
ぐいっ
よし！トンネルに入るぞ！
ヒュオオオオオ

ヒュオオオオオ
ゴクリ
真っ暗…。
いやな感じ…。
鈴〜、早く〜。
ねえ…、風吹いてない？
コツ
コツ
えー？そお？
ザッ
ザッ

ぶるっ
トンネルの中、
ひんやりする…。
じゃりっ
ぞろ ぞろ
それにしても
声、響くねー。
そろそろ、
中間地点じゃ
ない？
ヒュウウウウウ
ヒュッ
わ！ 何だ!?

ヒュウウウウウ
……し……て……

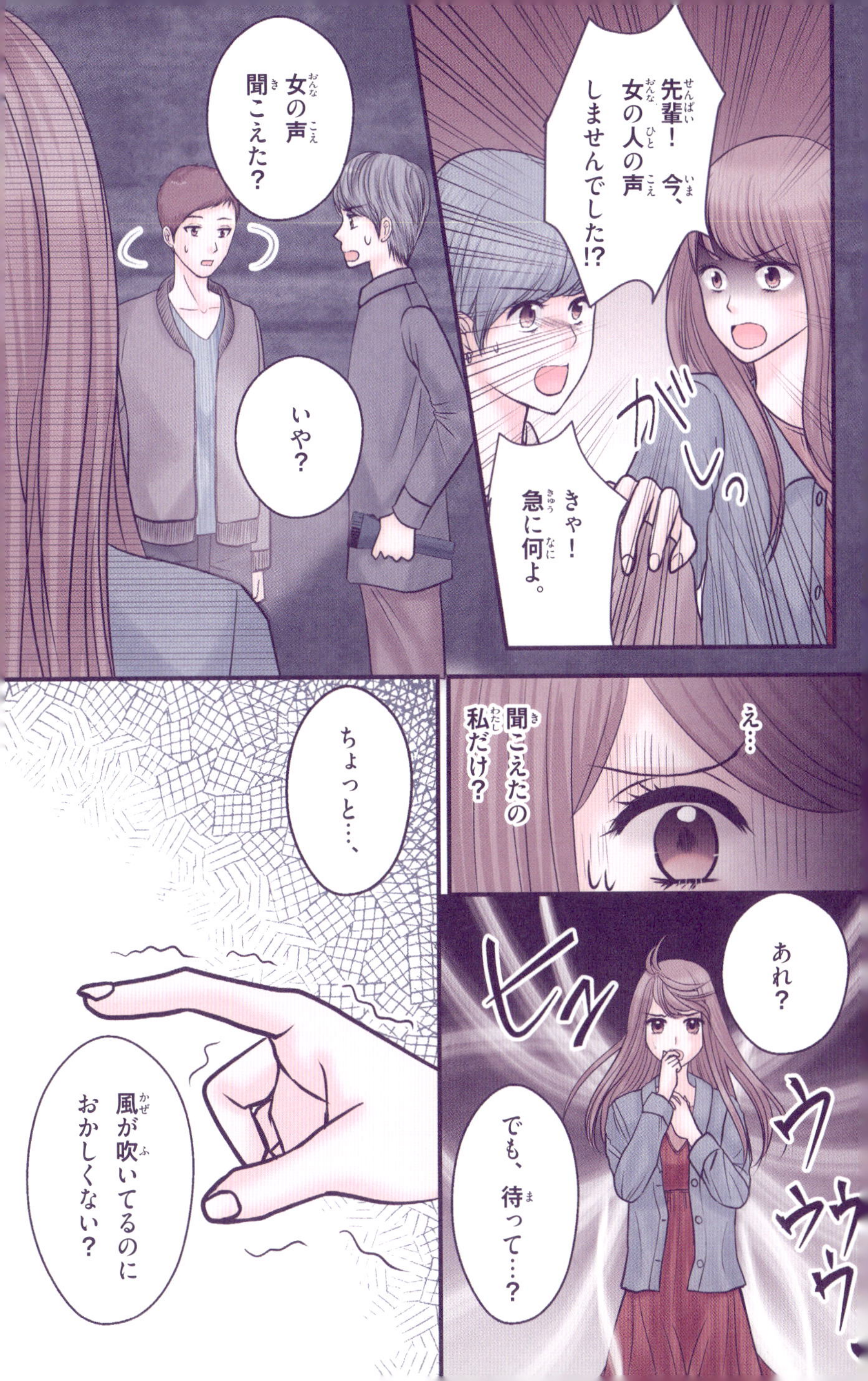
先輩！　今、
女の人の声
しませんでした⁉
きゃ！
急に何よ。
ガシッ
女の声
聞こえた？
いや？
え…
聞こえたの
私だけ？
ちょっと…、
あれ？
ヒュ
ウウウ、
でも、待って…？
風が吹いてるのに
おかしくない？

何で……
風が吹いてるのに、
ゴクリ
あの出口の草…
揺れてないの？

シイイイイイン

ヒュオオオオ
うそ…。
じゃり

じゃあ、この風は……
ビュオオオオ
どこから吹いてるんだろうね…？
もうやめてよ！
鈴…、気のせいだって…考えすぎ！

はっ
ヒュオオオオオ
……て
……し……
か……

…か…え…してええ…
オオオオオオ
オオオ

※次ページの「青い花柄のワンピースの女」（後編）に続きます。

恐怖5
心霊スポット スペシャル
青い花柄のワンピースの女
（後編） あいはらせと
バタ バタ バタ バタ
電話ボックスが見えた！トンネルの出口だ！
ハァ
ハァ
なあ…もう帰ろうぜ。
ハァ
ハァ
そうだな…。
何だ…。やっぱ先客がいたんだ。
ゆらり
ズ

よかった！
おい、ちょっと駅舎に入ってみようぜ。
ガタ
ガタ
あれ？開かない。
は…？今中に人がいたじゃん。
どうやって…、入ったんだ？
さあ…。
何やってんだよ。早く開けろよ。
ガタ
ガタ
わかってるって！でも、これカギかかってるぜ？

ねえ！ドアが開かなくても別にどうでもいいじゃん！帰るんでしょ!?
あ…ああ、そうだな。
ね！鈴…！鈴…？聞いてる？
あ…はい！あの…！
…あの人が…、ちょっと気になって…。何やってんですかね…。
え？どこ？
ほら…あの青い花柄のワンピースを着た女性ですよ。

…あれ、先客の連れじゃないの？
…でも、変ですよ。
普通、女子一人残して行きます？そんなの変ですよ。

そんなの、鈴が怖いからそう思うだけでしょ。
だって…先客って言いますけど、
その先客ってどうやってここに来たんですか？
気づいてなかったかもしれないですけど、
駐車場には、私たちの車しかなかったんですよ。

ここは車でしか来れない場所なのに。
ゾワッ
…鈴、さっさと帰ろう…。
でも、何かあの女性が気になる…。
ちらっ
あれ…？

さっきの女の人、消えた…？

よかった…。

ん？

え？
どうしたの、
みんな？
鈴…、
下……。
下……？

ニイイイイ

生きている人間じゃない。

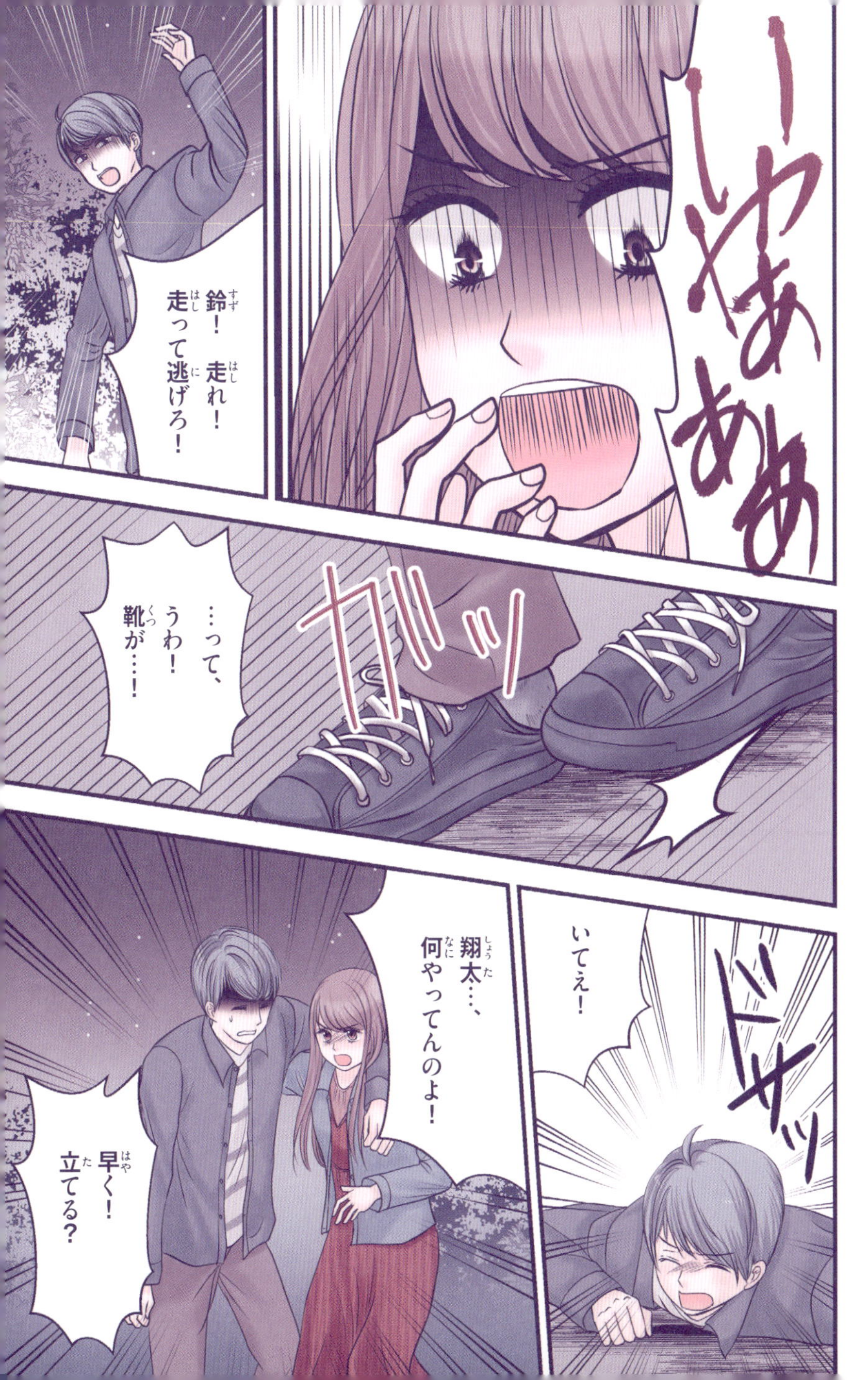
いやぁあああ
鈴！ 走れ！
走って逃げろ！
ガッ
…って、
うわ！
靴が…！
ドサッ
いてえ！
翔太…、
何やってんのよ！
早く！
立てる？

早く！
わかってるよ！
何かガスかかってきてないか？
何かこのガスおかしくない？

絶対変だよ！

モワワワワ
ブワワ
翔太、早く行こう。
このガス、絶対おかしいって!
鈴…、あれ見ろよ…。
え?何あれ!

ゆらっ
ゆらり
ゆらっ～
さっきの女の人…！
ズズズズ
駐車場へ急げ！
早くっ！
橋を渡ってこっちに来る！
ゆらり

フッ
消えた…!?
今のうちに早く車へ!
だっ
いやあああ
うわあああ
ブォオォォ
もうやだ! 早く寮に帰りたい。
どして…
えええ…
何…? この音…。
……
…しの…か

…て……
えして
う
うわあああ
きゃあああ
キキィ

なあ！ お前ら何か聞こえなかったか!?
おれ、聞こえた！ 私のピアス返して…って、聞こえた！

ピアスって何よ！
知らねえよ！
うわ！いてぇ——！
ズキッ
何か尻に刺さったぞ！
危ねえな！
ごそ
ごそ
誰だよ？こんなもん置いたの！
コローン

…これか？…さっきの声の主が言ってたの。
だったら、どうしたらいいんだよ？
返せって言ってたけど…。
また、戻るの!?
もう！行くしかないでしょ！
そもそも、盗んだわけじゃないのにさ…。
もしかしたら、もう一度呼ばれてるのかな？
もう、勘弁してよ。
それより、誰が返しに行くんだよ！

ばっ
わかった！
もう、
私が行く！
鈴！
ガッ
たっ
たっ
はっ

オォォオーオ
オォォオオ
うそ…、この中を進んで行くの…!?
ガタ
ガタ〜〜

鈴！　ったく動けねえのかよ！
ピアスよこしな！
ばっ
ズーっ
ぐわっ
返すよ！
ビュッ

ピッ
ツ
ぽちゃん
ザアアアアアアアアア
フッ
みんな消えた…？
帰ろう…早く…。
ブロロロロロロ
※次ページに続きます。

青い花柄のワンピースの女
エピローグ

深夜、ようやく鈴さんたちは寮に到着しました。

瑞稀さんは、無言で自室に戻っていき、翔太さんたちも、ぐったりとした表情で車を発進させ、自分たちの寮に帰りました。

もちろん鈴さんも疲れ果てており、着替えだけ済ませると、深いため息をついて

そのままベッドに倒れこみました。

『ああ…最悪だった。もう、早く忘れよぉ。』

そう思いながら目を閉じました。

どれくらい時間が経ったでしょうか…。

「ぎゃあああああああああ!!!!」

突如、闇夜をつんざく誰かの悲鳴が二階から響きました。

「えっ！　何!?」

飛びおきた鈴さんは、その悲鳴が真上の部屋にいる瑞稀先輩のものだと直感的に気づきました。

『先輩に何かあったんだ！』
暗闇の中、ベッドから出ようとした鈴さん。
そこに
〝ガバアアア!!!!〟
何かが天井を突き抜けるように
落ちてきました。
それは…、
まるで逆さまで宙吊りのようになった
あの
青い花柄のワンピースの女
でした。
「ピアスが見つからない……。

「どうしてくれるの……？」
のどから振り絞るような
か細い声でつぶやき、
宙吊りの女は鈴さんをにらみました。
鈴さんは、そのまま気を失って
しまいました。

　後からわかったことですが、
その日の深夜、ほぼ同じ時間帯に
ワンピースの女の幽霊が
四人の元へ現れたそうです。
翔太さんたちは、
二度とK川には近づかないと決め、
心霊ツアーもやめましたが、
ワンピースの女は…なぜか、
鈴さんの元にだけ
しょっちゅう現れるのです。
あるときは視界の端に…、
あるときは鏡の向こうに…。
それから十年以上経った今でも、
ス～ッと煙のように現れるのです。
直接害はありませんが、
鈴さんは、
「もう、いいかげんにしてよ！」
と幽霊に文句を言いながら
毎日をすごしています。

怖い話MAX∞新聞情報局 二

全国から怖〜い話が、続々と届いています。

通信5 廊下にしゃがむ女の子【沖縄県】

放課後、中学生の瑠音さんが学校の二階の廊下を歩いていると、階段に続く廊下の隅に、小さな女の子が一人しゃがんでいました。床には血が…。『何でここに小学生が？』と思いながら「大丈夫？」と、声をかけると、女の子は階段を見上げました。階段の踊り場には、背の高い女性がいました。『お母さんも一緒なんだ。』少し安心した瑠音さんは、そのまま帰宅しました。

新学期が始まり、教室は三階へと移りました。放課後、たまたま二階の廊下を歩いていたときです。廊下の隅に女の子が一人しゃがんでいます。『あっ、前にも…。』と思ったとき、女の子が階段の上を指差すと、踊り場に二人を見下ろすあの女性がいました。瑠音さんは怖くなり、すぐにその場を通りすぎました。数日後の放課後、三階の廊下を歩いていると、階段の踊り場に、下を見下ろしているあの背の高い女性がいました。きっと二階の廊下の隅に、しゃがんでいる女の子がいるに違いありません。それ以来、瑠音さんは教室から遠いほうの別の階段を使うようになりました。

通信6 魔の十三階段【群馬県】

祐美さんが、家から近い山間部の小さな病院に入院したときのことです。祐美さんの病室からは、エレベーターと、その横にある階段が見えました。体調も回復し、退院も間近という頃でした。祐美さんは、何となく病室から階段を見ていました。すると、男性が一人、階段を上がってきました。そして、その男性は、祐美さんの病室の前に来ると、そこに立ったまま動きません。不気味に思った祐美さんは、ベッドを囲むカーテンを閉めました。数日後、ふと廊下の先を見ると、今度は全身血だらけの親子が階段を上りきったところで立ちつくし、祐美さんのことをジッと見つめているのです。

その夜、元気になりつつあった祐美さんの容体が急変してしまいました。そのとき、祐美さんは、何十本もの真っ白い腕に、闇へと引きずりこまれていく夢を何度も見ていました。容体を知り、心配になった祐美さんの叔母さんがお見舞いに来たときです。「ここはだめだよ。すぐにほかの病院に移りなさい。」と言ったのです。その通りにすると、祐美さんは日に日に元気になりました。霊感のある叔母さんに、その理由を聞くと、「祐美の病室への階段の段数が、不吉な数の十三だったんだよ。」と話してくれました。

通信7

歩道橋から落ちた女

【東京都】

　帰宅途中、急に降り出した冬の雨に、菜都子さんは濡れてしまいました。歩道橋が見えてきたので、自宅までもう少しです。頭上で何か大きな音がしました。菜都子さんが見上げたときです。〝ゴロゴロゴロ〟女が歩道橋の階段を転げ落ちてきました。

　〝ベチャッ〟何かがつぶれたような音がして、女は菜都子さんの足元に、仰向けに倒れました。ですが、顔は地面に突っ伏しています。『く、首が折れてる。』と思った菜都子さんは、すぐに救急車を呼ぼうとしました。〝メキメキメキッ〟いやな音がしました。見ると、女が両手両足を使って仰向けの体を地面から浮かせています。まるで体操選手のブリッジのようです。

女は顔を上げて菜都子さんを見ました。口は耳元まで裂け、真っ赤に染まっていました。菜都子さんは走って逃げました。すると、〝カツカツカツ〟ものすごい速さでヒールの足音が追いかけてきました。菜都子さんはとっさにマンションの植えこみへ隠れて、そっと様子をうかがいました。

　その女の姿を見た菜都子さんはその場で気を失ってしまいました。何と追いかけてきた女の体は蜘蛛そっくりに変身していたのです。意識が戻ると蜘蛛女は消えていました。

通信8 フランス人形が苦手【福岡県】

彩絵さんは、フランス人形が苦手です。触ることなど絶対に無理。見るのもいやなくらいです。ただ彩絵さんには、きらいな理由や原因はわかっていません。不思議なことに物心がついたときには、そうなっていたのです。

ある日、彩絵さんがお母さんと、引っ越しの準備で押し入れの中を整理していたとき、箱が出てきました。「あっ、それは…。」お母さんがそう言ったときには、すでに、彩絵さんは箱を開けていました。

写真が何枚かありました。幼い頃の彩絵さんの写真です。そして、どの写真にも、金髪の青い目をした女の子が、小さい頃の彩絵さんのそばに立っていました。「この外国人の子、誰？」答えるかわりに、「写真…よく見てごらん。」と、お母さんは言いました。次の瞬間、彩絵さんは思わず悲鳴を上げました。写真に写っている青い目の女の子は、どれも体が半透明で、後ろが透けて見えていたからです。それが、彩絵さんのフランス人形が苦手な理由だとわかりました。ですが、しかし、わからないことが一つあります。彩絵さんは、ついさっきまで、その写真の存在は知りませんでした。あの頃の記憶のない彩絵さんに、いったい何があったのか。お母さんに聞いても、ただ首を横に振るだけでした。

■監修／室秋沙耶美
■執筆／室秋沙耶美　上田 歩　岡田 望
■カバーイラスト／一ノ瀬いぶき
■まんが／あいはらせと　一ノ瀬いぶき　沖野れん　かわぐちけい
沢音千尋　水島みき　ミニカ
■イラスト／shoyu　沖野れん
■協力／林 芳仁　おかだ解説員　櫻井雅章
■カバーデザイン／久野 繁
■本文デザイン／スタジオQ's
■編集／ビーアンドエス

本当に怖い話MAX∞悪夢地獄

2018年12月5日　初版発行
監修者　室秋沙耶美
発行者　富永靖弘
印刷所　株式会社高山

発行所　東京都台東区台東2丁目24　株式会社 新星出版社
〒110-0016　☎03(3831)0743

ISBN978-4-405-07282-4